古本竹書紀年輯校訂補

范祥雍 訂補

上海古籍出版社

圖書在版編目(CIP)數據

古本竹書紀年輯校訂補 / 范祥雍訂補. —上海：上海古籍出版社，2018.7（2023.8 重印）
ISBN 978-7-5325-8882-4

Ⅰ.①古… Ⅱ.①范… Ⅲ.①中國歷史—古代史—編年體②《竹書紀年》—校勘 Ⅳ.①K204.3

中國版本圖書館 CIP 數據核字(2018)第 129286 號

古本竹書紀年輯校訂補

范祥雍　訂補

上海古籍出版社出版發行
（上海市閔行區號景路 159 弄 1-5 號 A 座 5F　郵政編碼 201101）
（1）網址：www.guji.com.cn
（2）E-mail：guji1@guji.com.cn
（3）易文網網址：www.ewen.co
蘇州市越洋印刷有限公司印刷
開本 850×1168　1/32　印張 4.5　插頁 5　字數 101,000
2018 年 7 月第 1 版　2023 年 8 月第 7 次印刷
印數：26,601—34,700
ISBN 978-7-5325-8882-4
K·2497　定價：38.00 元

出版説明

范祥雍先生(一九一三——一九九三),祖籍浙江鎮海,生於上海南市,著名古籍整理專家,尤精於版本文獻之學。先生自學成才,而蜚聲學界。一九五六年由陳子展、胡厚宣、章巽三教授聯名推薦,受聘於復旦大學中文系,復任教於江西大學中文系、東北文史研究所,一九七八年後任中華書局、上海古籍出版社特約編輯,一九八六年聘爲上海文史研究館館員。

先生著述頗豐,經他編訂、點校、校證、補疏整理的典籍蔚爲大觀,歷史類有古本竹書紀年輯校訂補、戰國策箋證,歷史地理類有洛陽伽藍記校注、大唐西域記匯校(原收入季羨林等校注大唐西域記校注)、山海經補疏,宗教類有釋迦方誌、宋高僧傳、廣弘明集(未完稿),文學類有陳子展詩經直解校閲、陳子展楚辭直解校閲,藝術譜録類有法書要録,筆記類有管城碩記、東坡志林廣證,音韻訓詁類有廣韻三家校勘記補釋等。而文史通貫、無徵不信、博觀約取、敏而有斷之學風則一以貫之,允稱精深,堪爲楷法。所惜「文革」浩劫,其著作如山海經補疏、東坡志林廣證等,多有散失,亦可扼腕浩歎。

早在上世紀五十年代,我社前身古典文學出版社就出版了先生的洛陽伽藍記校注,一九七八年修訂重版,本世紀初又出版了歷劫復得之戰國策箋證。兹將范先生古籍整理之心血結晶,都爲范祥雍古籍整理匯刊結集出版，内涵古本竹書紀年輯校訂補、戰國策箋證、洛陽伽藍記校注、大唐西域記匯校、釋迦方誌、宋高僧傳、法書要録、管城碩記、廣韻三家校勘記補釋，其中廣韻三家校勘記補釋屬首次發表。忻逢盛世，文化昌盛，梨棗馨香，以慰先賢。

上海古籍出版社

二〇一一年二月

目録

例言

一　晉武帝（司馬炎）咸寧五年（公元二七九年），汲郡（今河南省汲縣）人發掘戰國魏襄王墳墓，發墓的年份，有的説太康元年（二八〇年），有的説太康二年（二八一年），此從晉書武帝本紀。得到大批竹簡，經過當時有名學者荀勗、和嶠、束晳、衛恒等整理，寫定成書的有七十五篇，都凡十餘萬字，紀年十三篇是其中最著名的一書。（因爲它從竹書寫定，故又稱竹書紀年。）這部地下發現的珍貴的編年史籍，當日曾轟動過一時，好些學者利用此項材料，訂正了歷史上若干問題。因之，它也遭到傳統派學者所不滿，而加以排斥。從此由顯而晦，至宋代已很少有人看見，原書大概即在那時亡失，可算古代文化史上一大損失！不知在何年，有人掇拾紀年的佚文，湊合史傳的記事，又抄録宋書符瑞志文章，作爲附注，託名梁沈約注，僞造成書，就是現行的竹書紀年。僞本紀年自明代以來，流行很廣，一向被人當作汲冢原本，直到清朝錢大昕、紀昀、洪頤煊、郝懿行等始懷疑其僞。朱右曾出，更力斥今本的不足信，並進一步從各舊籍中，廣輯紀年原文，成汲冢紀年存真二卷，以恢復汲書真面目，使大家知道古本與今本的不同，功不可没。一九一七年，王國維繼起，依據朱書，加以補充和訂正，成古本竹書紀年輯校一卷，發表在廣倉學窘出版的學術叢編中，取材與編次，較之朱書，益爲精審。

「古本紀年」的價值，詳具於朱右曾的序中（見附篇），不待再言。王書後出，簡核詳備，可算是善本，但仔細檢查，誤字闕文，仍然不少。有些出於排印的錯誤，有些出於引書的漏失，還有些屬於編次的不當，（此類具見於本書各條下，兹不舉例。）許多問題，尚須要重加補訂。本書的編撰，即由於此。因依據王書，不再改動，故名爲「古本竹書紀年輯校訂補」，王書就用學術叢編本（省稱原本）。遇有錯誤，用王忠慤公遺書本（省稱遺書甲本）和海寧王静安先生遺書本（省稱遺書乙本）參校。

二　訂補文字用【訂】與【補】作爲標識，以與王書原文區别。【訂】與【補】的内容如下：

訂

（一）原書有誤字脱文的；
（二）引書有不完全或錯誤的；
（三）文字有異同的；
（四）原文不明，須予補充和解釋的；
（五）因文字校正所及而作的考訂。

補

（一）正文漏引的；
（二）各書互引有漏列的；
（三）編次有更動的；

（四）諸家考證足以與本書發明的；

（五）考訂和解釋。

三　王書係據朱右曾的汲冢紀年存真爲本，而加以增删改正的，見王序。但其改動處並不標明朱書原文爲何，且删掉朱氏的案語和注釋很多。在王氏原意當以朱書具在，可以覆按，不須多説。不過，爲便利讀者起見，似以摘要説明爲宜。况且朱書傳本頗希，尤非人人所能見。本書因此對于朱、王二書的互異處，逐條分注在訂目下，（同文不舉，附注引書不同，亦略。）按語全録，注語則擇要録之。這樣可省讀者覆覈之勞，亦可明王書的源流。

四　輯本紀年至戰國時紀事最繁，諸家於年次的考訂亦最紛紜。朱、王二書所定年代，精密超越前人，但千慮一失，錯誤難免。本書於歧異處隨文考訂，惟年次之差雖極微，往往牽一髮，動全身，若僅在文字之間説明，讀者很不易得到全面瞭解。爲此，别編戰國年表，附在書後，以便查考，體例另有説明。朱書原附有周年表，王書無之。

五　輯本的體例，詳於朱書凡例中（見附篇），王書遵之，今訂補本亦悉依據之，例如〔　〕作爲非紀年本文或據他書補充的符號等，不再重述。

六　先秦古籍，傳世不多，有些書又經過漢儒改動，已非本來面目。紀年是從出土竹簡中寫定的，尚保存戰國時魏史的直接記録。本書所輯的，雖然斷章殘篇，相信對於古代史研究者，至少有些幫助。所恨識見不周，遺漏尚多，熱望讀者給以指正和批評。

五帝

【訂】朱右曾原本(以下簡稱朱本)無此題。此題及後「夏后氏」「商」「周」「晉」「魏」等題，遺書甲、乙兩本皆低二字。朱本「夏后氏」等題皆頂格，與此相同，下不具述。【補】杜預春秋經傳集解後序云：「紀年篇起自夏、殷、周。」晉書束晳傳同。史紀魏世家集解引荀勗曰：「和嶠云：『紀年起自黃帝，終於魏之今王。』」二説互異。朱右曾云：「嶠與束晳同被詔校竹書，而言各不同若此。豈編年紀事始於夏禹，而五帝之事，別爲一編乎？隋志：『紀年十二卷』，注云：『汲冢書並竹書同異一卷。』然則紀年正文止十二卷，所記夏、殷以前事，或在竹書同異中，未可知也。今所裒輯，姑以時代次之。」郝懿行竹書紀年校正序亦云：「四子同時，所見便爾乖張，而勗獨被詔撰次，或預、晳未覯全篇。勗、嶠既同撰次，自宜以起自黃帝者爲定也。」案晉葛洪與郭璞引紀年已有五帝時事，則由來頗久。杜預、束晳所説，或爲未經編定之本。

昌意降居若水，産帝乾荒。山海經海內經注。

帝王之崩皆曰「陟」。韓昌黎集黃陵廟碑。【訂】原本無「皆」字，今據韓集補。【補】路史發揮五：「汲紀年帝王之崩皆曰陟。」

國維案：此昌黎隱括本書之語，非原文。【補】案此條似不應列於此。

黄帝既仙去，其臣有左徹者，削木爲黄帝之像，帥諸侯朝奉之。太平御覽七十九引抱朴子曰：「汲郡冢中竹書」云云，今抱朴子無此文。【新訂補】意林四引抱朴子引汲冢書云云同，無既字、朝字。

黄帝死七年，其臣左徹乃立顓頊。路史後紀六。【補】路史後紀五注引「左徹乃立顓帝」六字。

顓頊産伯鯀，是維若陽，居天穆之陽。山海經大荒西經注。

帝堯元年丙子。隋書律歷志引「丙」作「景」，避唐諱。路史後紀十注引無「帝」字。【訂】原本注「後紀十」下無「注」字，今補。朱本作「路史後紀注」。【補】朱右曾云：「案古人不以甲子名歲，自王莽下書言：『始建國五年，歲在壽星，倉龍癸酉。』又云：『天鳳七年，歲在大梁，倉龍庚辰。』是始變古。原古人之法，以歲星定太歲之所舍。星有超辰，則太歲亦與俱超，故不可以甲子名歲也。東漢以來，步曆家廢超辰之法，乃以甲子紀年，以便推算。此『丙子』二字，疑荀勗、和嶠等所增也。」案下文「周武王十一年庚寅，周始伐商」，「庚寅」二字，當亦爲後人依干支法推算，所加附註。

【補】堯之末年，德衰，爲舜所囚。路史發揮五注引紀年。史記五帝本紀正義引竹書，無「之末年」三字。

【補】舜囚堯，復偃塞丹朱，使不與父相見。史記五帝本紀正義引竹書。路史發揮五引竹書作「舜既囚堯，偃塞丹朱于此（按即偃朱城），使不得見。」太平寰宇記濮州鄄城縣下有「堯城在城北五里。」又有「偃朱城在縣西北十五里。」萬廷蘭校注云：「案原本二城下皆引紀年云云，且云：『十道志已録，今不欲去之。』究竟事涉荒誕，不見經傳，非聖者無法，不如去之。」是萬氏所見寰宇記原本有引紀年二則，而爲萬氏所删去，刻本遂不見此文。乾隆癸丑欒氏刻本亦脱去之。此二則文雖不見，然以萬校語詞觀之，可確信其與五帝本紀正義所引相同。

案以上二則，陳逢衡竹書紀年集證五十以爲是瑣語文，朱右曾説同，故王氏亦不録。但路史與寰宇記原本明引作紀年，陳、朱所説，亦屬臆測，並無確證。朱氏以爲羅泌父子未見紀年古本。按羅氏所言汲冢書已與逸周書相淆亂，見於路史發揮四夢齡妄篇。但所見紀年，猶是舊本，非後世捃拾之本可比，不可因而輕之。且紀年與瑣語，古書所引，時常相淆，如紀年「鄭棄其師」，史通惑經篇云：「出瑣語。」紀年：「仲壬崩，伊尹放太甲于桐，乃自立」，太平御覽八十三引作瑣語。胡三省通鑑三注引或説以爲師春紀。皆不能强斷爲孰是。或者兩書同載，亦不可知。此事與相傳之經傳所説，大相違悖，故前人有懷疑其非出紀年。郝懿行云：「古書荒昧，難可具詳，殘簡斷篇，聊存紀録而已！」竹書紀年校正一。此説甚是，紀年所記，固多與它書不合，今録以存之。

又廣弘明集釋法琳對傅奕廢佛僧事引汲冢竹書云：「舜囚堯於平陽，取之帝位。」史通疑古篇、路史發揮五引此文皆作瑣語，與此二條事同辭異。

【補】舜篡堯位，立丹朱城，俄又奪之。蘇鶚演義引汲冢竹書。

【補】堯禪位後，爲舜王之。舜禪位後，爲禹王之。蘇鶚演義引汲冢竹書。

以上二條，陳逢衡竹書紀年集證五十亦以爲瑣語，朱右曾説同；但出於推定，並無他證，今不從。

后稷放帝朱于丹水。山海經海内南經注。史記高祖本紀正義引「后稷放帝子丹朱于丹水」。五帝本紀正義引「后稷放帝子丹朱」。【補】路史後紀十注引「放帝丹朱於丹水」。

命咎陶作刑。北堂書鈔十七。

【補】帝〔舜〕葬蒼梧。路史發揮五引竹書、郡國志。

【補】〔癸北氏虞帝之第三妃，出二女，一曰：宵明，一曰：燭光。〕路史餘論九：「癸北氏虞帝之第三妃，而二女者癸北氏之出也，一曰：宵明，一曰：燭光，見諸汲簡。」汲簡即紀年。案通鑑外紀一引帝王世紀：「舜次妃（即第三妃）癸比氏生二女：宵明、燭光。」路史國名紀己注與古今姓氏書辨證二十一引元和姓纂亦作癸比氏（今姓纂無之）。此乃隱括竹書之語，當非原文。

三苗將亡，天雨血，夏有冰，地坼及泉，青龍生於廟，日夜出，晝日不出。通鑑外紀一引隨巢子、汲冢紀年。路史後紀十二注云：「紀年、墨子言：『龍生廣，夏木雨血，地坼及泉，日夜出，晝不見』」，與外紀所引小異。【訂】按路史注所引疑有誤字，「廣」當是「廣」，即「廟」字；「木」當是「氷」，即「冰」字，皆以形相似而譌。墨子非攻下亦作「龍生廟，犬哭乎市，夏冰，地坼及泉」，可證。【補】通志五帝紀引與外紀同。

夏后氏

禹

居陽城。漢書地理志注、續漢書郡國志注。【訂】朱本正文作「禹都陽城」。誤引世本文，王氏改之，是。【補】路史後紀十二注云：「地志：陽翟夏禹國，或云都之，非也。故汲古文曰：『聞不居陽翟。』」案地理志：「陽翟」，臣瓚注云：「世本：『禹都陽城。』汲郡古文亦云：『居之』，不居陽翟也。」是「不居陽翟」爲臣瓚注語，非紀年本文，路史注有誤，附辨於此。

黃帝至禹，爲世三十。路史發揮三。

國維案：此亦羅長源隱括本書之語，非原文。

禹立四十五年。太平御覽八十二。【新訂補】路史後紀十二注

啓

啓曰「會」。路史後紀十三：「啓曰會。」注：「見紀年。」

益干啓位，啓殺之。晉書束皙傳。史通疑古篇、雜説篇兩引「益爲后啓所誅。」【補】楚辭天問補注引「益爲啓所殺。」

九年，舞九韶。路史後紀十三注引「啓登后九年，舞九韶。」大荒西經注引「夏后開舞九韶也。」

二十五年，征西河。北堂書鈔十三引「啓征西河」四字。路史後紀十三云：「既征西河。」注：「紀年在二十五年。」

即位三十九年，亡年七十八。真誥十五。路史後紀十三注引作「二十九年，年九十八。」【訂】朱本正文據路史作「二十九年〔陟〕，年九十八。」注云：「真誥十五引作『即位三十九年』云云，此傳寫之譌也。禹娶塗山而生啓，在堯老舜攝之時，則啓嗣位時，斷不止三十九歲。」

國維案：太平御覽八十二引帝王世紀：「啓升后十年，舞九韶。三十五年征河西。」而通鑑外紀：「皇甫謐曰：『啓在位十年。』」則世紀不得有三十五年之文，疑本紀年而誤題世紀也。此與真誥所引「啓三十九年亡」符同。路史注既引紀年「啓在位二十九年」，故「征西河」亦云「在二十五年」矣，未知孰是？【補】案史記夏本紀集解引皇甫謐云：「夏啓元年甲辰。十年癸丑，崩。」太平御覽八十二又引帝王世紀：「帝啓在位九年，年八十餘而崩。」皆與御覽引世紀「三十五年征河西」，不合。王氏以爲乃紀年之文，當是。

大康

大康居斟尋。水經巨洋水注、漢書地理志注、史記夏本紀正義引臣瓚曰：「汲冢古文：大康居斟尋，羿亦居之。」【訂】原本正文與注「尋」皆作「鄩」，注「臣瓚」作「傅瓚」，今從原書改正。【補】史記周本紀正義。

乃失邦。路史後紀十三注。

〔羿居斟尋。〕水經巨洋水注、漢書地理志注、史紀夏本紀正義。【訂】原本注「夏本紀」誤作「夏本義」，今正。【補】史紀周本紀正義、路史後紀十三注。案路史後紀十三注云：「紀年並窮、寒，四百七十一年。」則有窮與寒浞，紀年乃別爲世次。通鑑外紀二、太平御覽八十二皆於帝相下有「有窮后羿」、「寒浞」二世，疑即本紀年。此條或當在「后羿」世下。

仲康【補】此據史記夏本紀補世次。

相

后相即位，居商邱。太平御覽八十二。【訂】朱本「居」作「處」。案鮑刻本御覽「后」作「帝」，「居」作「處」。

國維案：通鑑外紀：「相失國，居商邱」，蓋亦本紀年。通鑑地理通釋四云：「商丘當作帝邱。」【補】案太平御覽八十二引帝王世紀：「帝相自大康已來，夏政凌遲，爲羿所逼，乃徙商丘。」史記夏本紀正義引略同，則外紀之説，似據世紀，疑非出紀年。朱右曾云：「商當爲帝。帝邱即秦、漢之濮陽，左傳：『衛遷帝邱，衛成公命祀相』，是也。」

元年，征淮夷、畎夷。後漢書西羌傳引「后相即位，元年，乃征畎夷。」太平御覽八十二引「元年，征淮夷。」路史後紀十三：「征淮、畎。」注：「淮夷、畎夷。紀年云：『元年』。」【訂】按西羌傳云：「后相即位，乃征畎夷。」注不云出紀年，王氏蓋以西羌傳三代事多本紀年而推定之，惟欠釋明，偶失。朱本注不及西羌傳。

二年，征風夷及黄夷。太平御覽八十二。路史後紀十三：「二年征風、黄夷。」注：「並紀年。」後漢書東夷傳注及通鑑外紀二均引「二年，征黄夷」。

七年，于夷來賓。後漢書東夷傳注、路史後紀十三注。通鑑外紀二「于」作「干」。

相居斟灌。水經巨洋水注、漢書地理志注。路史後紀十三引臣瓚所述汲冢古文。【訂】案巨洋水注引薛瓚漢書集注：「按汲郡古文：『相居斟灌』，東郡灌是也。」漢書地理志注無引臣瓚此注，朱、王二氏偶失檢，誤引。路史後紀所引，逕云：「汲古文」，亦無述臣瓚説，疑因巨洋水注而誤。

【補】案此下疑當有「有窮后羿」與「寒浞」二世，與皇甫謐帝王世紀相同，説見「羿居斟尋」條下。太平御覽八十二引紀年「自禹至桀十七世，有王與無王，用歲四百七十一年。」無王即謂羿、浞之世。

少康

少康即位，方夷來賓。後漢書東夷傳注。路史後紀十三注引此，下有「獻其樂舞」四字，疑涉帝發時事而誤。【訂】朱本據路史注，正文有「獻其樂舞」四字。

杼【補】朱本作「帝杼」，注云：「杼或作予，太平御覽引作帝宁。」案史記夏本紀作「予」，左傳襄公四年作「后杼」。杼、予、宁三字聲同相通。

帝宁居原，自原遷于老邱。太平御覽八十二、路史後紀十三注。御覽作自遷于老邱，路史注「宁」作「予」，「邱」作「王」。【訂】朱本「帝宁」改作「帝杼」。案朱氏往往就紀年本書體例，改動引書原文，以求劃一。王氏則依原書引語，不加點竄；即有訂定，亦於注内詳言之，此王異於朱處。今舉此例，以下除有重要不同外，不具説。

柏杼子征于東海及三壽，得一狐九尾。山海經海外東經注。太平御覽九百九引「夏伯杼子東征，獲狐九尾。」路史後紀十三：「帝杼五歲，征東海，伐三壽。」注：「本作王壽。紀年云：『夏伯杼子之東征，獲狐九尾。』」又國名紀己云：「后杼征東海，伐王壽。」【訂】畢沅刻本山海經注「三壽」作「王壽」。

芬【訂】朱本作「后芬發」。

后芬即位，三年，九夷來御。後漢書東夷傳注、太平御覽七百八十、通鑑外紀二、路史後紀十三。

御覽「芬」作「方」，又此下有「曰：畎夷、于夷、方夷、黃夷、白夷、赤夷、玄夷、風夷、陽夷」，十九字。郝蘭皋曰：「疑本注文，誤入正文也。」【訂】朱本「來御」下有「曰畎夷」云云十九字。案路史後紀注云：「畎、千、方、黃、白、赤、玄、風、陽，凡九，見竹書及後漢書。」以文義觀之，此十九字似屬正文。郝說見竹書紀年校正三。

后芬立四十四年。太平御覽八十二、路史後紀十三注。

荒【訂】朱本作「后荒」。

后荒即位，元年，以玄珪賓于河，命九東狩于海，獲大鳥。北堂書鈔八十九。初學記十三引「珪」作「璧」，「鳥」作「魚」，無「命九東」三字。太平御覽八十二引「荒」作「芒」，「鳥」作「魚」，無「命九」二字。國維案：「九」字下，或奪「夷」字，疑謂后芬時來御之九夷。【訂】朱本删「命九東」三字，改「鳥」字作「魚」。案各書引皆作「獲大魚」，書鈔「鳥」字當是「魚」誤。【補】路史後紀十三：「芒如之元年，首以玄珪賓于河。」注：「見紀年。」又注引紀年：「東狩于海，獲大魚。」

后芒陟位，五十八年。太平御覽八十二。路史後紀十三注引作「后芒陟，年五十八。」

泄

【訂】朱本作「后泄」。

后泄二十一年，命畎夷、白夷、赤夷、玄夷、風夷、陽夷。後漢書東夷傳注。通鑑外紀二引「帝泄二十一年，加畎夷等爵命。」路史後紀十三注引，下有「繇是服從」四字。【訂】朱本正文據路史注有「繇是服從」四字。

二十一年，〔陟〕。路史後紀十三注。

不降

不降即位，六年，伐九苑。太平御覽八十二、路史後紀十三注。

六十九年，其弟立，是爲帝扃。太平御覽八十二、路史後紀十三注云：「紀年云：『六十九陟』。」【訂】「是爲帝扃」四字，御覽作夾注。路史後紀云：「五十有九歲，陟。」注：「紀年云：『六十九』。」

扃

【訂】朱本作「帝扃」。

廑【訂】朱本作「帝廑」。

帝廑一名胤甲。太平御覽八十二。【訂】朱本無此條。【補】朱右曾云：「案太平御覽八十二引紀年曰：『帝廑』云云。而路史後紀云：『帝廑子胤甲立。』注云：『見汲紀年。左傳作孔甲。』是胤甲乃帝廑之子，非其名也。文選六代論注引紀年曰：『自禹以至於桀十七王。』若謂胤甲即廑，則十六王矣，御覽誤也。」愚案通鑑外紀二：「廑崩，子孔甲立。」「孔甲崩」下，注云：「在位三十一年，汲冢紀年曰：『胤甲陟。』」據此則紀年之胤甲即孔甲，非帝廑。御覽皇王部下於夏代各帝歷引紀年，獨於帝孔甲下，無引紀年文，因已誤淆於帝廑下也。今本紀年帝廑下，附注云：「一名胤甲。」即因御覽而誤。趙紹祖校補竹書紀年云：「案路史云云（文見朱引，今略），此爲帝廑之子孔甲，一名胤甲，今本誤繫於此。」

【補】胤甲王本無胤甲，有孔甲次帝廑後，下二則胤甲事就隸於帝廑。朱本有胤甲一代，次於帝廑後，胤甲事即屬之，無孔甲。案胤甲即孔甲，説見上，朱本當是，今從之，並删王本孔甲一代。雷學淇竹書紀年義證九亦以胤甲次於帝廑後，與朱本相同。

胤甲即位，居西河。山海經海外東經注、太平御覽八十二、通鑑外紀二。開元占經六引作「胤甲居西河」。御覽四引作「胤甲居于河西。」

天有妖孽，十日並出，其年胤甲陟。山海經海外東經注、開元占經六、太平御覽四及八十二引上二句。山海經注無「天」字，占經無「妖、十」二字。通鑑外紀二引「十日並出，其年胤甲陟」。路史後紀十三：「胤甲在位四十歲，後居西河，天有妖孽，十日並照于東陽，其年胤甲陟。」注云：「以上紀年。」案路史此條或有增字。又御覽四引「十日並出」下，有「又言：本有十日，迭次而運照無窮」，十三字，則恐是注文也。【訂】朱本正文據路史後紀作「胤甲在位四十歲」云云，又據御覽「本有十日」云云，別立爲一條。

昊【訂】朱本作「后昊」。

后昊立三年。太平御覽八十二。【補】路史後紀十三注。

發【訂】朱本作「后發」。

后發一名后敬，或曰「發惠」。太平御覽八十二。路史後紀十三：「帝敬發，一曰：『惠』。」注曰：「見紀年。」【訂】原本正文「發惠」作「發」，今據御覽正，朱本作「發惠」，不誤。案「發」字疑涉上「后發」而衍，御覽有誤，當從路史。路史注又云：「年代歷作發惠。」亦可證紀年本無「發」字。【補】路史後紀十三又云：「是爲后敬。」注云：「同上。」上即紀年。

后發即位，元年，諸夷賓于王門，再保庸會于上池，諸夷入舞。北堂書鈔八十二。後漢書東夷傳注、御覽七百八十引均無「再保庸」以下七字。通鑑外紀二、路史後紀十三引亦同。外紀末句作「獻其樂舞」，乃改本書句，路史仍之。【訂】朱本正文「再」改作「冄」，云：「冄與邦通，國名也。在湖北荆門州東南。保墉蓋冄君之名。」案朱氏蓋據左傳莊公十八年：「楚武王遷權於那處。」杜預注：「那處，楚地。南郡編縣東南有那口城」，及史記管蔡世家：「周公封季載於冄」，索隱：「冄，國也。或作那」，以爲冄即那處。然説文邦字云：「西夷國」，以此上下文「諸夷」觀之，則冄似以西夷國爲近。惟夏時是否有冄國或冄夷，終乏明證，且又屬改字，不如存疑。路史後紀十三作「其始即繼，諸夷式賓，獻其樂舞。」注：「紀年云：『元年』。」

其子立爲桀。太平御覽八十二。【訂】朱本無此條。案御覽此文在「后發一名后敬」條下，爲夾注。

桀

〔居斟尋。〕水經巨洋水注、漢書地理志注、史記夏本紀正義。【補】史記周本紀正義、路史後紀十三注。

〔畎夷入居豳、岐之間。〕後漢書西羌傳。案西羌傳三代事多本汲冢紀年，而語有增損。

后桀伐岷山，進女于桀二人，曰琬，曰琰。桀受二女，無子，刻其名于苕華之玉，苕是琬，華是琰，而棄其元妃于洛，曰末喜氏。末喜氏以與伊尹交，遂以間夏。太平御覽一百三十五。藝文類聚八十三引無末四句。御覽八十二引無末二句。「后桀伐岷山」，御覽八十二引作「后桀命扁伐山民」。「進女于桀二人」，類聚引作「岷山莊王女于桀二女」，御覽八十二引作「山民女于桀二人」。「桀受二女」，御覽八十二作「桀愛二人」。「琰」，御覽引皆作「玉」。「刻其名」，類聚及御覽八十二引皆作「斲其名」。北堂書鈔二十一亦引「斲苕華」三字。【訂】原本注「岷山莊王女于桀二女」，下「女」作「人」，

「北堂書鈔二十一」，「一」作「二」，今皆據原書改正。類聚八十三引「斲其名」，明覆宋本「斲」譌作「斷」。朱本正文據類聚，「末喜氏以與伊尹交，遂以間夏」，别次在「社坼裂」前。【補】太平御覽三百八十一引至「華是琰」止，「進」作「獻」，「琰」作「玉」。史記司馬相如列傳集解引作「桀伐岷山，得女二人，曰琬，曰琰。桀愛二女，斲其名于苕華之玉，苕是琬，華是琰。」山海經西次三經注引「苕華之玉」四字。又按孫子用間篇：「昔殷之興也，伊摯在夏；周之興也，吕牙在殷。故明君賢將能以上智爲間者，必成大功。」伊摯即是伊尹，與此「遂以間夏」語相合，可以互證。

築傾宫，飾瑶臺。文選吴都賦注。文選東京賦注引作「夏桀作瓊宫瑶臺，殫百姓之財。」太平御覽八十二引「桀傾宫，飾瑶臺，作瓊室，立玉門。」【補】文選七命注。路史發揮六引汲冢古文册書云：「桀飾傾宫，起瑶臺，作瓊室，立玉門。」

【補】〔大夫關龍逢諫瑶臺，桀殺之。〕路史發揮六：「關龍逢，桀之大夫。其當時之死，竹書以爲諫瑶臺。」

夏桀末年，社坼裂，其年爲湯所放。太平御覽八百八十。路史後紀十三注引「桀末年，社震裂」，六字。

湯遂滅夏，桀逃南巢氏。太平御覽八十二。

自禹至桀十七世，有王與無王，用歲四百七十一年。太平御覽八十二。文選六代論注引「凡夏自禹至于桀十七王」十字。史記夏本紀集解引末二句。通鑑外紀二引「四百七十一年」六字。路史後紀十三注：「紀年並窮、寒四百七十二年。」【新訂補】史記夏本紀索隱引末二句。

商

【訂】案杜預左傳後序云：「紀年篇起自夏、殷、周。」隋書經籍志亦作「起自夏、殷、周三代王事。」晉書束晳傳云：「夏年多殷。」文選六代論注引紀年「殷自成湯滅夏」，皆作「殷」，疑古本紀年如此，此當作「殷」。史記本紀亦作「殷」。

湯

湯有七命而九征。太平御覽八十三。【補】路史後紀十三注引作「湯七年九征」。

外丙

外丙勝居亳。太平御覽八十三。【訂】原本「勝」下有「即位」二字，今據御覽刪。

仲壬

仲壬即位居亳，命卿士伊尹。春秋經傳集解後序。尚書咸有一德疏、通鑑外紀三引紀年，太平御覽八十三引杜後序，均作「其卿士伊尹」。【訂】案明覆宋阮仲猷刻本左傳後序亦作「其卿士伊尹」，則「命」字當作「其」。【補】路史發揮五注引作「其卿士」。通志三王紀引「仲壬即位居亳」。

仲壬崩，伊尹放大甲于桐，乃自立。春秋經傳集解後序、尚書咸有一德疏、通鑑外紀三。太平御覽八十三引汲冢瑣語同，但無「于桐」二字，又立下有「四年」二字。【訂】原本注「于桐二字」，「二字」倒作「字二」，今改正。遺書甲、乙兩本不誤倒。【補】路史發揮五注引崩下，有「而立大甲」四字。通志三王紀引伊尹上，有「其卿士」三字。

大甲

伊尹即位，放大甲七年，大甲潛出自桐，殺伊尹，乃立其子伊陟、伊奮，命復其父之田宅而中分之。春秋經傳集解後序、尚書咸有一德疏、通鑑外紀三。外紀「放大甲」作「於大甲」。文選豪士賦序注引「大甲潛出自桐，殺伊尹」九字。【訂】案南昌府學刻本尚書注疏、宋刻尚書單疏本亦作「於大甲」。朱本刪「放大甲」三字。【補】通志三王紀。路史發揮五注「放大甲七年」作「大甲三年」。柳開河東集大甲誅伊尹論引，「放」字作「于」。又廣弘明集十一引汲冢書：「伊尹自篡立後，大甲潛出，親殺伊尹而用其子」，文有增損。晉書束皙傳、史通疑古篇、雜説篇皆引「大甲殺伊尹」，乃約舉之語。案「放大甲七年」，尚書疏、通鑑外紀、河東集皆作「於大甲七年」，「放」當是「於」字之誤。伊尹篡位，仍用大甲年號，大甲殺伊尹事，紀年書在七年，故引書者云然。路史注作「大甲三年」，可證。惟「三」字當誤。通鑑前編在帝舜十五載引書大傳「日月有常，星辰有行」云云下，注云：「此歌汲冢竹書亦有之，然誤在『伊尹祠桐宮』之下。」朱本即據之，次「祠桐宮」事在仲壬即位後。然以文詞觀之，與紀年體例不同，疑出於瑣語等書，王氏删之，當是，附辨於此。【新訂補】虞夏傳曰：維十有五祀，祀者貳尸，日月有常，星辰有行，四時順經，萬姓允誠。於予論樂，配天之靈。遷于賢聖，莫不咸聽。鼚乎鼓之，軒乎舞之，精華以竭，褰裳去之。於是乃八風修通，卿雲叢聚。蟠龍賁信於其藏，蛟魚踴躍於其淵，龜鼈咸出其穴。（通鑑前編卷二，注云：「此歌汲冢竹書亦有之，然誤在『伊尹祀桐宮』之下，考其辭非商歌也。豈説經者以伊尹祀先王，有古夏先后，鳥獸魚鼈咸若之訓，故以係之與？」按金氏原採尚書大傳之文，而注異於下。從歌辭觀之，亦不合紀年之例。姑録之存考。）（又按此歌亦見于宋書符瑞志及今本紀年注。）

〔十二年，陟。〕史記魯世家索隱：「紀年大甲惟得十二年。」

沃丁

沃丁絢即位，居亳。太平御覽八十三。

小庚

小庚辨即位，居亳。太平御覽八十三。【訂】御覽下有夾注云：「即太庚也。」

小甲

小甲高即位，居亳。太平御覽八十三。

雍己

雍己伷即位，居亳。太平御覽八十三。

大戊【補】世次據史記殷本紀補。

仲丁

仲丁即位，元年，自亳遷于囂。太平御覽八十三。【訂】「囂」、御覽作「嚻」。案史記殷本紀：「帝仲丁遷于隞。」索隱云：「隞亦作囂。」通鑑外紀二：「仲丁自亳遷都囂」，即作「囂」。隞與囂音近相通，囂與嚻爲字形之訛，此改作「囂」，是。今本紀年亦作「囂」。

征于藍夷。後漢書東夷傳注、太平御覽七百八十。

外壬

外壬居囂。太平御覽八十三。【訂】御覽「囂」作「嚻」，説見上。

河亶甲

河亶甲整即位，自囂遷于相。太平御覽八十三。【訂】御覽「囂」作「嚻」，説見上。

征藍夷，再征班方。太平御覽八十三。

祖乙

祖乙滕即位，是爲中宗，居庇。太平御覽八十三。路史國名紀丁引「滕」作「勝」。【訂】鮑刻本御覽「滕」亦作「勝」。今本紀年作「祖乙滕」。

祖辛【補】世次據殷本紀補。

開甲

帝開甲踰即位，居庇。太平御覽八十三。

祖丁

祖丁即位，居庇。太平御覽八十三。

南庚

南庚更自庇遷于奄。太平御覽八十三，路史國名紀丁。

陽甲

陽甲即位，居奄。太平御覽八十三。

盤庚

盤庚旬自奄遷于北蒙，曰「殷」。太平御覽八十三。水經洹水注引無「旬」字。史記項羽本紀索隱、殷本紀正義均引作「盤庚自奄遷于北冢，曰『殷虚』。」尚書盤庚疏引「盤庚自奄遷于殷」七字。路史國名紀丁引，旬下有「即位」二字。【訂】案殷本紀正義宋黄善夫刻本與殿本皆作「盤庚字也，北冢曰『殷虚』。」此注朱本無，王氏蓋據金陵局刻校本補。「冢」字，張文虎札記云：「疑本作蒙，譌爲冢也。」「冢」即「蒙」字，見説文，張説當是。又路史國名紀丁引「殷」下有「虚」字。【補】史記項羽本紀集解引汲冢古文：「盤庚遷于此汲冢，曰『殷虚』。」「此」乃「北」字之譌，「汲」字當涉上「汲冢」字而衍。通鑑外紀二引「盤庚自奄遷于殷」七字。

殷在鄴南三十里。尚書盤庚疏。史記項羽本紀索隱引「南去鄴州三十里。」殷本紀正義引「南去鄴四十里。」【訂】原本注「鄴州」脱「州」字，今據索隱補。【補】史記項羽本紀集解。

國維案：此七字乃注文。

自盤庚徙殷，至紂之滅，七百七十三年，更不徙都。史記殷本紀正義。案「七百」，朱輯本改作「二百」，又下有「紂時稍大其邑，南距朝歌，北據邯鄲及沙邱，皆爲離宫别館」二十三字，蓋誤以張守節釋史記語爲紀年本文也。【訂】「七百七十三年」，宋黄善夫刻本史記、明王延喆刻本、汪諒刻本、清武英殿刻本皆同。金陵書局校刻本作「二百五十三年」，係據吴春照依今本紀年所校改，不足憑。武昌書局覆王刻本，日本瀧川資言會注考證本作「二百七十五年」，瀧川本正義多據古抄本，比較可信，而二百七十五年與下文「湯滅夏至于受，用歲四百九十六年」語不悖，當近得實，宜從之。陳逢衡集證五十亦引作「二百七十三年」，與朱本同，疑改「七」爲「二」，非有別本作據。又「紂時稍大其邑」云云，陳氏集證亦作紀年本文。疑此與上文均爲紀年注語，張守節引以釋史記「益廣沙邱苑臺」句，王説似覺未安。【新訂補】水澤利忠史記會注校補謂瀧川原亦作二百五十三（據金陵本），排校誤爲二百七十五，非有古本之據。

國維案：此亦注文，或張守節隱括本書之語。

小辛

小辛頒即位，居殷。太平御覽八十三。

小乙

小乙斂居殷。太平御覽八十三。

武丁

【補】世次據史記殷本紀補。

祖庚

祖庚曜居殷。太平御覽八十三。

祖甲

帝祖甲載居殷。太平御覽八十三。【新訂補】宋本御覽「祖」作「帝」。

和甲西征，得一丹山。山海經大荒北經注。【訂】朱本此條在陽甲下，蓋從今本紀年。

國維案：和、祖二字，形相近，今本紀年繫之陽甲，乃有「陽甲名和」之説矣。

馮辛

馮辛先居殷。太平御覽八十三。

庚丁

庚丁居殷。太平御覽八十三。

武乙

武乙即位，居殷。太平御覽八十三。

三十四年，周王季歷來朝，武乙賜地三十里，玉十瑴，馬八匹。太平御覽八十三。【訂】原本正文「武乙」二字作「王」，今從御覽正。

三十五年，周王季伐西落鬼戎，俘二十翟王。後漢書西羌傳注。通鑑外紀引「武乙三十五年，周俘狄王」十字。【補】通志三王紀引與外紀同。王應麟困學紀聞一引作「武丁三十五年，周王季伐西落鬼戎」，以證周易「高宗伐鬼方」句。按武丁與王季之年代不相並，疑王氏有誤。【新訂補】通典一八九西戎序略注引竹書「周王季伐西落鬼戎」，案於「武丁征西戎鬼方，克之」句下。又注引「竹書紀年武乙三十五年周王季伐西落鬼戎」。

大丁

大丁二年，周人伐燕京之戎，周師大敗。後漢書西羌傳注。通鑑外紀二「周人」作「周公季」。

三年，洹水一日三絕。太平御覽八十三。

四年，周人伐余無之戎，克之。周王季命爲殷牧師。後漢書西羌傳注。文選典引注引「武乙即位，周王季命爲殷牧師」，與此異。【訂】原本注「殷牧師」脱「殷」字，今據文選注補。【補】今本紀年在文丁下。孔叢子居衛篇云：「殷王帝乙之時，王季以功，九命作伯。」與此又異。

七年，周人伐始呼之戎，克之。後漢書西羌傳注。【新訂補】通鑑外紀引作「又伐克始呼之戎」。

十一年，周人伐翳徒之戎，捷其三大夫。後漢書西羌傳注。【補】通鑑外紀二引「大丁十一年，周伐翳徒戎。」【新訂補】通典一八九西戎序略注引。

文丁殺季歷。晉書束皙傳、史通疑古篇、雜説篇。北堂書鈔四十一引紀年云：「文丁殺周王云云。」【訂】書鈔標目爲「殺季歷」，下作「紀年云：『文丁殺周王』云云」，則原文當爲「文丁殺周王季歷。」案此事各書引皆不繫年，今本紀年在文丁十一年，此蓋從之。

【補】十一年〔陟。〕通志三王紀：「太丁在位三年，崩。」注：「紀年曰：『十一年』。」通鑑外紀二：「太丁崩。」注：「在位三年。紀年曰：『太丁十一年，周伐翳徒戎』，與帝王本紀不同。」

帝乙

帝乙處殷。太平御覽八十三。【訂】原本正文「處」作「居」，今據御覽正。

二年，周人伐商。太平御覽八十三。

帝辛

帝辛受居殷。太平御覽八十三。

六年，周文王初禴于畢。通鑑前編。唐書曆志：「紂六祀，周文王初禴于畢。」雖不着所出，當本紀年。

畢西于豐三十里。漢書劉向傳注。

國維案：此亦注文。

殷紂作瓊室，立玉門。文選東京賦注及吴都賦注。【訂】文選注引不繫年，今本紀年在帝辛九年。

天大曀開元占經一百一引「帝辛受時，天大曀」。【訂】朱本作「周大曀」，次在「帝辛受居殷」後。案徐文靖、郝懿行、陳逢衡、雷學淇等引此條皆作「周大曀」。今所見河南刻小字本占經則作「天大曀」，王氏當即據此。然疑舊抄本必有作「周大曀」者，故諸家書所引如此。

湯滅夏以至于受，二十九王，用歲四百九十六年。史記殷本紀集解。文選六代論注引「殷自成湯滅夏以至于受，二十九王」，十四字。通鑑外紀二引「二十九王，四百九十六年」，十字。【訂】原本正文「二十九王」，「王」譌作「年」，今正。【補】通志三王紀引與外紀同。

周

武王

十一年庚寅，周始伐商。唐書曆志。【補】「庚寅」二字當係後人依干支法推算，所加附注，説見「帝堯元年丙子」條下。

王率西夷諸侯伐殷，敗之于坶野。水經清水注。

王親禽帝受辛于南單之臺，遂分天之明。水經淇水注。初學記二十四引「周武王親禽受于南單之臺」十一字。【訂】初學記引作晉束晳汲冢書抄。【補】太平寰宇記衛州衛縣下引「武王擒紂于南單之臺」九字。

【新訂補】武王封武庚於朝歌，分其地爲邶、鄘、衛，使管叔、霍叔、蔡叔監之。吕氏家塾讀詩記卷四注引董氏曰：「竹書紀年云云。」

御覽一七八引郡國志引同。

「南單」疑「鹿臺」之音借。

武王年五十四。路史發揮四。【補】真誥十五引竹書作「年四十五」，疑有倒誤。今本紀年亦作「年五十四」。

成王

康王

康王六年，齊大公望卒。大公呂望墓表。

晉侯作宮而美，康王使讓之。北堂書鈔十八。

成、康之際，天下安寧，刑措四十年不用。文選賢良詔注。太平御覽八十四引「十」下有「餘」字。【訂】原本正文「際」字作「世」，今據文選注正。朱本作「際」字，不誤。【補】文選永明九年策秀才文注。史記周本紀亦云：「成、康之際，天下安寧，刑錯四十餘年不用。」

昭王

昭王十六年，伐楚荆，涉漢，遇大兕。初學記七。

十九年，天大曀，雉兔皆震，喪六師于漢。初學記七。開元占經一百一、太平御覽九百七引無末句。

昭王末年，夜清，五色光貫紫微。其年，王南巡不反。太平御覽八百七十四。路史發揮三注引「清」作「有」。【訂】路史注引「貫」下有「于」字。朱本此條在「十六年」下，與「末年」文不合，王氏改之，當是。

穆王

穆王元年，築祇宮于南鄭。穆天子傳注。

自周受命至穆王百年。晉書束皙傳。【補】朱右曾云：「武王十七、成王三十七、康王二十六、昭王十九、至穆王元年，適得百年。」

穆王以下都于西鄭。漢書地理志注：「臣瓚曰」云云，不言出何書。然其下所云：「鄭桓公滅鄶居鄭」事，皆出紀年，則此亦宜然。【訂】朱本引此條，無説。王氏以臣瓚注漢書，多引汲冢古文爲釋，故謂此爲紀年文。今本紀年此條在附注内，洪頤煊校正云：「漢書地理志臣瓚注云云。瓚同校汲冢古文，據此條爲説，後人以爲沈約注，誤也。」亦以爲是紀年本文。又臣瓚注又言：「幽王既敗，四年而滅虢」，當亦紀年文，朱、王二氏失輯，今補於後。

國維案：上二條，皆束皙、臣瓚隱括本書之語。據第二條，則紀年穆王、共王、懿王元年均當書王即位居西鄭矣。

穆王所居鄭宮、春宮。太平御覽一百七十三。初學記二十四引下四字。

北唐之君來見，以一驪馬是生綠耳。穆天子傳注、史記秦本紀集解。「驪馬」，集解引作「驪馬」。【訂】朱本此條在「鄭宮、春宮」條前。

穆王北征，行流沙千里，積羽千里。山海經大荒北經注。穆天子傳注引「穆王北征，行積羽千里」，九字。【補】文選江賦注引，「積羽」下有「行」字。

〔西征犬戎，〕取其五王以東，〔王遂遷戎于太原。〕穆天子傳注引「取其五王以東」六字。後漢書西羌傳：「王乃西征犬戎，獲其五王，遂遷戎于太原。」考西羌傳前後文皆用紀年，此亦當隱括紀年語。【訂】朱本正文據穆傳，云：「後漢書西羌傳亦引此，而云：『遂遷戎于太原』，疑亦竹書本文，而注不詳，未敢羼入。」

十三年，西征，至于青鳥之所憩。藝文類聚九十一。山海經西次三經注引「穆王西征，至于青鳥所解」十字。【補】太平御覽九百二十七引，「憩」作「解」。

十七年，西征崑崙邱，見西王母，西王母止之，曰：「有鳥䳭人。」穆天子傳注。藝文類聚七引至「西王母止之」。史記周本紀集解、太平御覽三十八引至「見西王母」。又二書「西征」下均有「至」字。【訂】案穆傳注原爲兩引：一引至「見西王母」；一引作「穆王見西王母，止之，曰：『有鳥䳭人』」，此併爲一條。

西王母來見，賓于昭宮。山海經西次三經注、穆天子傳注。山海經注引作「穆王五十七年」，然穆傳注引作「其年來見」。其年即承上文「十七年」，則山海經注所引，衍一「五」字。【補】列子周穆王篇釋文引作「穆王十七年，西征，見西王母，賓于昭宮」，可證山海經注「五」字之譌。路史餘論九引作「穆王七年，西王母來賓。」「七」上當脱「十」字。

三十七年，伐越，大起九師，東至于九江，叱黿鼉以爲梁。文選恨賦注。「三十七年」，文選江賦注、藝文類聚九、初學記七、太平御覽九百三十二、通鑑外紀三引同。御覽三百五、路史國名紀己均引作「四十七年」。廣韻二十二元引作「十七年」。御覽七十三引作「七年」。「伐越」，北堂書鈔一百十四引作「伐大越」。類聚九、外紀三引作「伐楚」。御覽三百五引作「伐紂」，路史國名紀己作「伐紓」。「紂」乃「紓」之譌。「叱」，類聚、初學記均引作「比」。書鈔引作「駕」，御覽七十三、三百五均引作「架」。文選江賦注引作「叱」，與此同。【訂】「伐越」，胡克家刻本文選恨賦注作「伐紂」，江賦注作「征伐」。朱本作「伐紓」，云：「紓當作紓，形近而譌。紓、舒通用，今安徽廬州府，古羣舒地。」通鑑外紀三：「王起六師，至于九江，伐楚。」注云：「汲冢紀年曰：『三十七年』。」此事今本紀年在三十七年，作「大起九師，東至于九江，架黿鼉以爲梁，遂伐越，至于紆。」【補】白帖三引作「三十七年，伐荆」，「叱」作「北」。北堂書鈔十六引「北鼂爲梁」四字，二「北」字皆疑「比」字之譌，「鼂」當是「黿」誤。

穆王南征，君子爲鶴，小人爲飛鴞。敦煌唐寫本修文殿御覽殘卷。【訂】此條爲王氏所補。案原文不繫年，此蓋因上文「伐越」而繫於此。

穆王東征天下二億二千五百里，西征億有九萬里，南征億有七百三里，北征二億七里。開元占經四。穆天子傳注引「穆王西征還里天下，億有九萬里」，十三字。【訂】朱本此條次在十七年「西王母來見」後。今本紀年見於十七年附註，作「西征還履天下，億有九萬里。」朱氏蓋從之。

【補】案郭璞注山海經序云：「案汲郡竹書及穆天子傳，穆王西征，見西王母，執璧帛之好，獻錦組之屬。穆王享王母於瑤池之上，賦詩往來，辭義可觀。遂襲崑崙之邱，遊軒轅之宮，眺鍾山之嶺，玩帝者之寶，勒石王母之山，紀迹玄圃之上。乃取其嘉木、豔草、奇鳥、怪獸，玉石珍瑰之器，金膏燭銀之寶，歸而殖養之於中國。穆王駕八駿之乘，右服盜驪，左驂騄耳，造父爲御，犇戎爲右，萬里長騖，以周歷四荒，名山大川，靡不登濟。東升大人之堂，西燕王母之廬，南轢黿鼉之梁，北躡積羽之衢，窮歡極娛，然後旋歸。案史記說『穆王得盜驪、騄耳、驊騮之驥，使造父御之以西巡狩，見西王母，樂而忘歸』，亦與竹書同。左傳曰：『穆王欲肆其心，使天下皆有車轍馬迹焉』，竹書所載，則是其事也。」據此則竹書記穆王事極詳，惟郭序乃約舉爲說，非原文，因附録於各書引穆王事後，以資互證。

共王【補】世次據史記周本紀、國語周語補。

懿王

懿王元年，天再旦于鄭。太平御覽二、事類賦注一。開元占經三引「懿王元年，天再啓。」

孝王

孝王七年，冬大雨雹，牛馬死，江、漢俱凍。太平御覽八百七十八引史記，案史記無此事，殆紀年文也。【訂】朱本「孝王七年」下有「厲王生」三字，注云：「通鑑外紀。」案外紀三：「孝王七年，大雹，牛馬死，江、漢俱凍。」不着明出於何書，亦無「厲王生」文，朱氏蓋誤從今本紀年，王氏删去，是也。此條林春溥竹書紀年補證亦云：「御覽引史記：『周孝王七年』云云，蓋引此而誤。」然史記佚文，不見於今本者頗多，究乏旁證，不能確定其是紀年文。

夷王

夷王二年，蜀人、吕人來獻瓊玉，賓于河，用介珪。北堂書鈔三十一、太平御覽八十四。【訂】案書鈔引至「瓊玉」止。

三年，王致諸侯，烹齊哀公于鼎。太平御覽八十四。史記周本紀正義引作「三年，致諸侯，翦齊哀公昴。」【訂】金陵局刻校本史記正義從御覽改作「烹齊哀公于鼎。」

獵于桂林，得一犀牛。太平御覽八百九十。【訂】「桂林」，鮑刻本御覽作「社林」。今本紀年亦作

「社林」，雷學淇義證改作「杜林」，云：「杜林近杜陽山在今鄠縣。國語謂唐叔殪大兕于徒林，疑亦謂此，史記作社林，蓋徒、社皆杜之訛字也。」案「徒」與「杜」，聲同相通，「社」乃字誤。此文桂字疑當作杜。

命虢公率六師，伐大原之戎，至于俞泉，獲馬千匹。後漢書西羌傳注：「見紀年。」

七年冬，雨雹，大如礪。初學記二、太平御覽十四。【補】北堂書鈔一百五十二。

厲王

淮夷入寇，王命虢仲征之，不克。後漢書東夷傳。案此條章懷太子注不云出紀年，然范史四裔傳三代事皆用史記及紀年修之。此條不見史記，當出紀年也。【訂】朱本無此條，今本紀年在厲王三年，作「淮夷侵洛，王命虢公長父伐之，不克」，與此相同。然終屬推測之詞，不能確定其必爲紀年文。

共伯和干王位。史記周本紀索隱。莊子讓王篇釋文引作「共伯和即于王位。」【補】通鑑外紀三：「汲冢及魯連子曰：『共國之伯名和，行天子政』。」通志三王紀引同。路史發揮二注：「汲冢紀年及世紀云：『共伯和即于王位』。」又引魯連子云：「共伯名和，好行仁義，諸侯賢之，請立焉。」史通雜説篇引「共伯名和。」晉書束晳傳：「幽王既亡，共伯名和者，攝行天子事。」「幽」乃「厲」字之謁。宋庠國語補音一引汲冢書：「共伯名和。」蘇轍古史五注引「共伯和干王位。」

共和十四年，大旱，火焚其屋，伯和篡位立，秋又大旱，其年，周厲王死，宣王立。太平御覽八百七十九引史記，然史記無此文，當出紀年。【補】朱右曾云：「御覽引史記，不云紀年，然他卷引

『孝王七年，大雨雹，牛馬死』，『曲沃莊伯八年，無雲而雷，十月，莊伯以曲沃叛』，並云史記。以通鑑外紀及水經注校之，則確是紀年本文，故録之。」林春溥竹書紀年補證三亦引御覽此文，云：「按史記無之，當是引此而誤，而文又不同。」今本紀年厲王二十六年（即共和十四年），云：「大旱，王陟于彘，周定公、召穆公立太子靖爲王。共伯和歸其國，遂大雨。」案路史發揮二注引此文至「伯和篡立」，亦作史記，然與史記所記「二相共和」事不合，當有譌。疑御覽與路史注所引之史記或爲世紀，聲近致誤，恐非紀年。帝王世紀有共伯和事，亦見路史發揮注。

宣王

四年，使秦仲伐西戎，爲戎所殺。後漢書西羌傳。【訂】「西戎」，西羌傳作「戎」。

秦無歷數，周世陪臣。自秦仲之前，本無年世之紀。廣弘明集十一。【訂】原本正文「本」字作「初」，今據廣弘明集正。朱本作「本」，不誤。案此文廣弘明集原爲二條：一引至「陪臣」；一引下文。此合爲一條。

國維案：此亦注文。

王召秦仲子莊公，與兵七千人，伐戎，破之。後漢書西羌傳。【訂】原本正文「莊公」譌作「襄公」，今據西羌傳正。朱本作「莊公」，不誤。

三十年，有兔舞鎬。太平御覽九百七。初學記二十九引作「宣王三年，有兔舞鎬。」通鑑外紀三作

〔三十年，有兔舞于鎬京。〕【訂】案外紀不着明出何書，以御覽等書校之，當本紀年。又同年下，外紀有「有馬化爲人」，疑亦出紀年。【補】白帖二十九引，作「宣王四十年」，「四」當是「三」字之誤。

〔三十一年，〕王遣兵伐大原戎，不克。後漢書西羌傳。【訂】原本正文「遣兵」二字作「師」，大原下有「之」字，今據西羌傳正。

三十三年，有馬化爲狐。開元占經一百十八。占經作「周靈王三十三年」，「宣」、「靈」形相近，字之誤也。御覽八百八十七、廣韻四十禡均引「周宣王時，馬化爲狐。」御覽九百九引「宣王時，烏化爲狐。」「烏」亦字誤。【訂】原本注「一百十八」，「八」作「九」，今據占經正。朱本作「八」，不誤。【補】通鑑外紀三亦作「周宣王三十三年，有馬化爲狐」，不着明出書，當本紀年。今本紀年在「三十七年」，譌。

〔三十六年，〕王伐條戎、奔戎，王師敗績。後漢書西羌傳。【補】朱右曾云：「案西羌傳伐太原戎在秦仲伐西戎後二十七年；條戎之役在伐太原戎後五年；下敗北戎、滅姜邑，在此後二年。據此差次以補之。」

〔三十八年，〕晉人敗北戎于汾隰。後漢書西羌傳。

戎人滅姜侯之邑。後漢書西羌傳。

〔三十九年，〕王伐申戎，破之。後漢書西羌傳。

晉

殤叔春秋經傳集解後序：「紀年無諸國別，惟特記晉國，起自殤叔，次文侯、昭侯，以至曲沃莊伯。莊伯之十一年十一月，魯隱公之元年正月也，皆用夏正建寅之月爲歲首，編年相次，晉國滅，獨記魏事。」案殤叔在位四年，其元年爲周宣王四十四年，其四年爲幽王元年，然則竹書以晉紀年，當自殤叔四年始。

【訂】朱本據杜序在殤叔下，有四年一條，即以晉國紀年，自殤叔四年始。朱書自此下，於晉國各君即位、卒年及重要事實，爲紀年所無者，皆據春秋左傳與史記補之。各年之年次，皆以方框圍之，如上述殤叔四年例；重要事實則低二字書之。以其與紀年本文無關，略述於此，下不具論。【補】周宣王四十四年，當晉殤叔元年，見史記十二諸侯年表，王氏説據之。案杜預後序稱紀年「晉國起自殤叔」，似以自殤叔元年始爲合。雷學淇竹書紀年義證即以殤叔元年爲始，當是。説又見下殤叔二年條。

【補】二年，天一夕再啓于鄭，又有天裂，見其流水人馬。開元占經三引汲冢紀年，作「殤帝升平二年。」按紀年書至魏哀王止，不當有殤帝及升平年號。占經此文在「懿王元年，天再啓」下，同爲一條，詳上下文詞相似，亦非他書羼入之語。但升平是晉穆帝年號，殤帝僅有後漢一君，年號爲延平，延平祇一年，兩不相涉，此必有誤。疑「殤帝升平」原爲「殤叔」二字。草書叔字與升字形相似，「叔」遂誤爲「升」。

後人見「殤升」二字不文，因下「二年」語，以爲脱去帝號與年號字，乃於殤下妄增帝字，升下增平字爲年號，不知與紀年相悖也。今辨於此，並補輯之。又此「殤叔二年」亦可證杜預後序所稱：「特記晉國起自殤叔」，即謂始於殤叔元年，非四年也。雷學淇編次爲是。

文侯

〔元年，周〕幽王命伯士伐六濟之戎，軍敗，伯士死焉。後漢書西羌傳。【訂】原本正文首「伯士」下，有「帥師」二字，今據西羌傳删。今本紀年有「帥師」二字。【補】案西羌傳作「後十年」，謂周宣王三十九年後十年。宣王四十六年卒，又三年即當幽王三年。幽王三年，據史記十二諸侯年表當「晉文侯二年」。若據晉世家靖侯十七年爲周共和元年（年表爲靖侯十八年）推算之，則當晉文侯元年，此蓋據之。但晉世家又云：「殤叔三年，周宣王崩。四年，穆侯太子仇率其徒襲殤叔而立，是爲文侯。」與年表紀年相合，則世家所云：「靖侯十七年，周厲王出奔于彘，大臣行政，故曰：共和」，係統言周亂，非謂是年當共和元年。共和改元，實在明年，世家與年表無異，此文〔元年〕，當作「二年」。今本紀年此事在幽王六年。

二年，同惠王子多父伐鄶，克之。乃居鄭父之邱，名之曰「鄭」，是曰「桓公」。水經洧水注。案「同惠」疑「周厲」之譌。又漢書地理志注引臣瓚曰：「鄭桓公寄奴與賄于號、會之間，幽王既敗，二年而滅會，四年而滅號。居于鄭父之邱，是以爲鄭。」傳瓚親校竹書，其言又與洧水注所引紀年略同，蓋亦本紀年。然臣瓚以伐鄶爲在幽王既敗二年，水經注以爲晉文侯二年，未知孰是。【訂】原本注「寄奴與賄」，「賄」誤作「財」，今據漢書注正。朱本「同惠」改作「周厲」。戴校本水經注「同」改作「周」。【補】史通雜説篇引「鄭桓公，厲王之子」，當是約舉此文之語。但史通下文又云：「與經典所載乖剌甚多。」鄭桓公爲周厲王子，見於經傳，不當云爾。故浦起龍通釋謂：「厲王疑本作宣王」，此文又作「惠王」，未知「惠」爲何字之誤。今本紀年作「幽王二年，晉文侯同王子多父伐鄶。」史記鄭世家：「鄭桓公友」，與此不同。朱右曾云：「友古文作[illegible]，與多相似。」

〔七年，〕幽王立褒姒之子伯服以爲大子。太平御覽八十四。御覽一百四十七引「幽王」下有「八年」二字。左傳昭二十六年疏引「平王奔西申，而立伯盤以爲太子。」「服」作「盤」。【補】周幽王八年，當晉文侯七年，見十二諸侯年表，此條繫年據之。「服」字當是「股」之譌。「股」即「般」，與「盤」同。阮元左傳校勘記説：「段玉裁校本盤作股。按周禮司勳注引盤庚作般庚，漢石經殘碑作股庚。五經文字云：『石經變舟爲月』。」左傳疏又引束皙云：「左傳攜王奸命，舊説攜王爲伯服。伯服，古文作伯盤。」

平王奔西申。左傳昭二十六年疏。

【新訂補】御覽一四七引紀年：「幽王八年立褒姒之子曰伯服，爲太子。」

〔九年，〕幽王十年，九月，桃杏實。太平御覽九百六十八。【訂】朱本無此條。【補】年次據十二諸侯年表。

〔十年，〕伯盤與幽王俱死于戲。先是申侯、魯侯及許文公立平王于申。幽王既死，而虢公翰又立王子余臣于攜。周二王並立。左傳昭二十六年疏。【訂】朱本析此文爲二條：一作

「申侯、魯侯及許文公立平王于申，以本太子，故稱天王」；一作「伯盤與幽王俱死于戲，虢公翰立王子余臣于攜。周二王並立。」案「以本太子，故稱天王」八字，疑乃孔疏引劉炫之案語，與下文「本非適，故稱攜王」，相同。朱氏於此引爲正文，於下文則不引，例殊不一，故王氏刪之。【補】通鑑外紀三引作「幽王死，申侯、魯侯、許文公立平王于申，虢公翰立王子余，二王並立。」通志三王紀引同。左傳疏引原不繫年，此據國語與史記幽王十一年死，繫之於此。

自武王滅殷，以至幽王，凡二百五十七年。史記周本紀集解。通鑑外紀三引汲冢紀年：「西周二百五十七年。」【訂】朱本此條編在周宣王三十九年後，此下爲晉國紀年，然於例不合，王氏改正，當是。【補】通鑑外紀三又引「自武王至幽王，二百五十七年。」通志三王紀引「西周二百五十七年。」

【補】〔十四年，鄭〕滅虢。漢書地理志臣瓚注：「鄭桓公寄帑與賄於虢、會之間。幽王既敗，二年而滅會，四年而滅虢。」本書文侯二年伐鄶條下，王氏引之以爲與水經洧水注語略同，亦本紀年，説見前，今據補之。案洧水注伐鄶在晉文侯二年，與巨瓚説異。滅虢後於滅鄶二年，依上例推之，則爲文侯四年，然瓚注明言幽王既敗之後，似不應移前。或伐鄶在文侯二年，而未滅之，滅鄶在幽王敗後二年歟？今姑次此事於幽王敗後四年。今本紀年作平王「四年，鄭人滅虢。」年次相同。

二十一年，攜王爲晉文公所殺。左傳昭二十六年疏。【訂】朱本「二十一年」作「三十一年」，「文公」改作「文侯」。案孔疏「二十一年」上，不着君號。朱氏以爲是周平王二十一年，蓋從今本紀年，當晉文侯三十一年。王氏以爲即文侯二十一年，未知孰是？「文公」，通鑑外紀作「文侯」，朱改當是。【補】通鑑外紀三引作「余爲晉文侯所殺。」通志三王紀引同。左傳疏引此文下，又有「本非適，故稱攜王」，當是劉炫案語。

昭侯

孝侯【補】以上二君世次據史記補。

曲沃莊伯

晉莊伯元年，不雨雪。太平御覽八百七十九引史記。案史記無此語，又不以莊伯紀元，當出紀年也。【補】今本紀年「平王四十一年，莊伯元年，春，大雨雪。」年次蓋據史記，與古本紀年不合。朱右曾云：「是歲周平王三十八年，晉孝侯之七年也。史紀年表在平王四十一年，與左傳後序所推不合。」案通鑑外紀四：「平王四十一年，晉不雨雪。」與此文同，疑亦據史記年表合算。

二年，翟人俄伐翼，至于晉郊。太平御覽八百七十九引史記。【補】今本紀年在平王四十二年，蓋據史記年表合算，說見上。以上二條，林春溥補證四亦謂：「御覽引史記云云，蓋引此而誤。」

八年，無雲而雷。十月，莊伯以曲沃叛。太平御覽八百七十六引史記。【補】今本紀年有平王「四十八年，無雲而雷。」「桓王元年壬戌十月，莊伯以曲沃叛。」陳逢衡集證三十七云：「按御覽八百七十六無雲而雷一條內引史記曰云云，今檢史記晉世家俱不載無雲而雷四字。疑所引是紀年，御覽誤以爲史記也。」林春溥補證四亦云：「御覽引史記云云，今史記無之，當是引此而誤。」案御覽引史記同條下，又有「幽公十八年，晉夫人秦嬴弑君于高寢」，與史記晉世家索隱所引紀年文合，而與晉世家：「十八年，幽公淫婦人，夜竊出邑中，盜殺幽公」，不同。以此推之，則均爲紀年之譌，似屬可信。

莊伯以曲沃叛，伐翼，公子萬救翼，荀叔軫追之，至于家谷。水經澮水注。水經注引此條不繫年，然首句與上條御覽所引史記同，知在是年，又足證御覽所引史記實紀年也。【訂】朱本此條併上爲一條。

十二年，翼侯焚曲沃之禾而還，作爲文公。水經澮水注。【訂】朱本無「作爲文公」四字。趙一清水經注校釋云：「作字疑誤。」

魯隱公及邾莊公盟于姑蔑。春秋經傳集解後序。據後序在莊伯十二年正月。【訂】朱本此條次在前。

【補】鄭莊公殺公子聖。春秋啖趙集傳纂例一云：「竹書自是晉史，其中有鄭莊公殺公子聖（原注：春秋作段），又與公羊同。」案公羊傳隱公元年云：「鄭伯克段于鄢。克之者何？殺之也。」陸氏所云，當即謂此。事在莊伯十二年三月。

【補】（十三年，）紀子伯、莒子盟于密。春秋啖趙集傳纂例一。此事春秋書在魯隱公二年十月，以夏正合算，在莊伯十三年八月。

武公

晉武公元年，尚一軍。芮人乘京，荀人董伯皆叛。水經河水注。【補】朱右曾云：「京是曲沃之邑，未詳。」陳逢衡集證三十七云：「乘京二字，當有脱誤。孫之騄以京城、京索解，俱混。當亦係國名爲是。」雷學淇義證二十九云：「乘即周語『乘人不義』，書序『周人乘黎』之乘。章注訓乘爲陵，鄭注訓乘爲勝。京是邑名。」案雷説爲長，今標點從之。

翼侯伐曲沃，大捷，武公請成于翼，至桐庭乃返。水經涑水注。【訂】朱本「桐」下無「庭」字，乃據戴校本水經注。【補】朱右曾云：「涑水注不引何年，以文勢論之，當在此。」案雷學淇義證二十八次此事在曲沃莊伯十六年莊伯卒後，與此亦相近。

七年，芮伯萬之母芮姜逐萬，萬出奔魏。水經河水注、路史國名紀戊注。【訂】原本注「戊」下脱「注」字，今補。

八年，周師、虢師圍魏，取芮伯萬而東之。水經河水注、路史國名紀戊注。【訂】原本注「戊」下脱「注」字，今補。朱本不脱。案國名紀戊注引紀年下，又有「又云：『桓王十二年，秋，秦侵芮。冬，王師、秦師圍魏，取芮伯而東之』」。」與左傳桓公四年文相似。朱本正文據之。

九年，戎人逆芮伯萬于郟。水經河水注。路史國名紀戊注引作「九年，戎人逆之郟。」【新訂補】郟周邑。

〔十三年，〕楚及巴伐鄧。路史國名紀戊注引「桓王十七年」云云。【訂】原本正文「伐」作「滅」，注「戊」下脱「注」字，今據路史補正。朱本不誤。周桓王十七年當晉武公之十三年，係據史記十二諸侯年表武公立年推算之。

【補】〔十六年，〕魯桓公、紀侯、莒子盟于區蛇。春秋啖趙集傳纂例一。案此事春秋在桓公十二年六月，當晉武公十六年四月，今據次之。「區蛇」，左氏作「曲池」，公羊作「毆蛇」，皆同聲相通。

【補】〔二十二年，〕鄭殺其君某。釋曰：是子亹。春秋啖趙集傳纂例一引劉貺書引紀年及釋。案齊人殺鄭子亹而轘高渠彌，見於左傳桓公十八年七月，當晉武公之二十二年五月，今繫年據之。此云：「鄭殺其君」，與左傳不同。

〔二十三年，〕齊襄公滅紀郱、鄑、郚。史記秦始皇本紀正義。【補】事在春秋莊公元年，作「齊師遷紀郱、鄑、郚。」當晉武公之二十三年，此繫年即據之。

〔三十九年，〕齊人殲于遂。唐書劉貺傳。【訂】原本「三十九年」脱〔 〕符號，今補。朱本有。

【補】春秋啖趙集傳纂例一引劉貺書。此事春秋在莊公十七年，當晉武公之三十九年，此繫年據之。

武公滅荀以賜大夫原氏黯，是爲荀叔。水經汾水注、漢書地理志注。文選北征賦注引「荀」作「郇」，「原氏黯」作「原點」。【訂】汾水注引作「晉武公滅荀以賜大夫原氏。」趙一清校釋本據漢書注補「黯是爲荀叔」五字，此即據之。【補】路史後紀九注引至「原氏」十字。案各書引此皆不繫年。朱本次在武公九年，云：「此未詳何年，姑附於此。」自不足憑。今本紀年在周莊王十三年，當晉武公之三十二年。雷學淇義證二十九次於晉武公三十八年，云：「曲沃伯至三十七年後，受天子之命，爲晉侯，于是統制全晉，上承唐叔之祀，爲晉之武公矣。」攷武公以三十七年受命爲晉侯，三十九年卒，見於晉世家。此當爲受命爲侯後之事，故雷氏繫於三十八年，雖無確證，於理尚近。王氏繫於武公卒年，似嫌稍後。

獻公

獻公二年，周惠王居于鄭。鄭人入王府，多取玉。玉化爲蜮，射人。開元占經一百二十、太平御覽九百五十。【訂】御覽引「多取玉」下，有「焉」字。【補】太平廣記四百七十三引感應經引紀年作「晉獻公二年，春，周惠王居于鄭。鄭人入王府，取玉馬。玉化爲蜮以射人。」「馬」乃「焉」字之譌。【新訂補】景宋御覽引二年下有「春」字。

〔十七年，〕衛懿公及赤翟戰于洞澤。春秋經傳集解後序。後序云：「洞當爲泂。」【補】春秋此事在閔公二年十二月，當晉獻公之十七年十月，此繫年據之。

鄭棄其師。唐書劉貺傳。【訂】朱本此條次在前。案春秋狄入衛，書在鄭棄師前，王氏據之，當是。【補】春秋啖趙集傳纂例一引劉貺書。史通惑經篇引此文云：「出瑣語。」春秋此事與上文在同時，繫年據之。

十九年，獻公會虞師伐虢，滅下陽，虢公醜奔衛。公命瑕公吕甥邑于虢都。水經河水注、路史國名紀己注。春秋後序引「晉獻公會虞師伐虢，滅下陽」十一字。「下陽」，路史注作「夏陽」。【訂】原本注「國名紀己」，「己」誤作「戊」，今正。路史注「瑕公」作「瑕父」。朱本自「虢公醜奔衛」下語，次在二十二年，未詳所據。

〔二十一年，〕重耳出奔。史通惑經篇。【訂】原本注「惑經」誤作「疑古」，今正。【補】左傳僖公四年：「重耳奔蒲。」當晉獻公之二十一年。此繫年據之。

二十五年，正月，狄人伐晉，周陽有白兔舞于市。水經涑水注。【訂】「周陽」，戴校本水經注無「陽」字。

惠公

晉惠公二年，雨金。太平御覽八百七十七引史記。【補】朱右曾云：「案路史發揮注：『秦穆公時，雨金于櫟陽。』又云：『襄王三年，雨于晉。』不言所出。」案今本紀年在襄王三年，作「雨金于晉」。林春溥補證四謂：「御覽引史記：『晉惠公二年雨金』，至『六年，秦穆公涉河伐晉』，蓋引此而誤。」與此說相同。

秦穆公十一年取靈邱。古文苑注一引王順伯詛楚文跋。【訂】原本注「十一年」誤作「十二年」，今據古文苑注正，朱本不誤。朱本此條次在「雨金」前。【補】廣川書跋四。秦穆公十一年，當晉惠公之二年，見史記年表，此繫年據之。

六年，秦穆公涉河伐晉。太平御覽八百七十七引史記。【補】林春溥說同，見前「雨金」條下。

惠公見獲。史通惑經篇。【訂】原本注「惑經」誤作「疑古」，今正。【補】春秋此事在僖公十五年十一月，當晉惠公之六年六月，繫年據之。

〔十一月，〕隕石于宋五。史通惑經篇。【補】春秋僖公十六年：「春王正月，戊申朔，隕石于宋五。」以夏正推之，則當晉惠公六年十一月，此即據之。雷學淇義證三十次在惠公七年，誤。

十五年，秦穆公帥師送公子重耳。涉自河曲，水經河水注。圍令狐、桑泉、臼衰，皆降于秦師。狐毛與先軫禦秦，至于廬柳，乃謂秦穆公使公子縶來與師言，退舍，次于郇，盟于軍。水經涑水注。【訂】「十五年」，朱本作「十四年」，云：「四，一作五，誤也。」案水經注永樂大典本、朱謀㙔本皆作「十五年」，涑水注戴校本改作「十四年」。河水注趙一清校釋引沈氏說：「晉惠公以十四年卒，無十五年，乃周襄王之十五年。是年，秦納重耳；次年至河上，則周襄王之十六年也。涑水篇誤同。」此蓋從左傳爲說。左傳惠公卒在魯僖公二十三年九月，即惠公之十四年。秦納重耳在僖公二十四年正月，二月盟于郇。以夏正推之，即其年之十一月十二月。今本紀年在襄王十五年，與左傳相合。似以作「十四年」爲是。但春秋經書惠公卒在僖公二十四年冬，國語晉語亦云：「十五年，惠公卒。」未知孰是。王氏從水經注原文作「十五年」，是其審慎也。【補】路史國名紀戊引「次于郇」三字。

文　公

〔五年，〕周襄王會諸侯于河陽。春秋經傳集解後序。【補】春秋僖公二十八年：「冬，天王狩于河陽。」當晉文公之五年，此繫年據之。按依此繫年推之，則上文「十五年」，當改作「十四年」，否則此應作「文公四年」，方合，王氏亦失檢。

文公城荀。漢書地理志注。文選北征賦注引作「郇。」【訂】文選注「文公」作「公」。【補】案此事原書不引何年，此蓋以其爲文公事，故附於後。今本紀年在周襄王十七年，當文公二年。

襄　公

晉襄公六年，洛絶于泃。水經洛水注。【訂】原本正文「洛」誤作「河」，遺書甲、乙兩本皆作「洛」，不誤，今正。朱本「洛」字不誤，「泃」作「洞」。陳逢衡集證三十九云：「案字書無泃字，當是洞字。洞音熒，衛地。否則是向字誤添水旁。案小雅：『作都于向』，注謂：『向在東都畿内』。」

靈　公

成公【補】

二君世次據春秋傳及史記補。

景　公

〔十一年，〕齊國佐來獻玉磬、紀公之甗。春秋經傳集解後序。【補】此事春秋在成公二年七月，當晉景公十一年五月，繫年即據之。左傳作「齊侯使賓媚人賂以紀甗、玉磬與地。」

厲公

悼公

平公

【補】三君世次係據春秋傳及史記補。

昭公

晉昭公元年，河水赤于龍門三里。水經河水注。【補】通鑑外紀七：景王「十四年，龍門赤三里。」當即本紀年。

六年十二月，桃杏華。太平御覽九百六十八。【訂】按御覽引此文在「幽王十年九月，桃杏實」上，同爲一條，則昭公疑非晉昭公，當是昭王之誤。今本紀年：昭王「六年，冬十二月，桃李華」，所據尚不誤。但又録此條於景王十九年，則或是據誤本御覽所補。

頃公

【補】世次據春秋傳及史記補。

定公

晉定公六年，漢不見于天。太平御覽八百七十五。

【補】楚囊瓦奔鄭。釋曰：是子常。春秋啖趙集傳纂例一引劉貺書引紀年及釋。案春秋定公四年：「十一月，蔡侯以吴子及楚人戰于柏舉，楚師敗績，楚囊瓦出奔鄭。」時當晉定公六年，繫年即據之。

十八年，青虹見。太平御覽十四。

淇絶于舊衛。水經淇水注。【訂】朱右曾云：「或作二十八年，兹依戴震校本。」案今本紀年此事在周敬王三十六年，當晉定公之二十八年。

【補】〔十九年，〕原文〔燕簡公卒，次孝公立。〕史記燕世家索隱：「王劭按紀年簡公卒，次孝公，無獻公。」據史記十二諸侯年表，簡公卒在是年。【訂】原本無「十九年」三字，次在「十八年」下，案史記年表「燕簡公十二年卒，當晉定公之十九年」，則當脱「十九年」三字，今據補之。朱本同誤。又案燕釐公，紀年作簡公，與此簡公同謚。疑此簡公紀年本作他謚，王劭因史記文僅記其世次之不同，而未詳及謚號之互異歟？

二十年，洛絶于周。水經洛水注。

二十五年，西山女子化爲丈夫，與之妻，能生子。其年，鄭一女而生四十人。開元占經一百十三。【補】通鑑外紀九：敬王「四十三年，晉有孕婦七歲不生。西山女子化爲丈夫。」據外紀目録當晉定公三十五年，所記同，當本紀年。則占經「二」字，乃「三」字之誤。又郭忠恕佩觿序注引顔之推稽聖賦：「魏嫗何多，一孕四十。」當即本紀年，但顔賦作「魏」，此作「鄭」。案此時魏尚未立國，當以鄭爲是，顔氏或偶誤記。

三十一年，城頓邱。水經淇水注。

〔三十五年，〕宋殺其大夫皇瑗于丹水之上。水經獲水注。【訂】朱本此下有「宋大水，丹水壅不流」八字，蓋誤從今本紀年而繫于此，王氏録在附篇，當是，説見後。【補】左傳哀公十八年：「宋殺皇瑗」，當晉定公三十五年，繫年據之。

出公

出公【補】案本書自出公以後，晉、魏各君及列國之年次，愚見與朱、王二氏所定，頗有出入。今將排算方式及根據，編爲戰國年表，附在書後，後所論述，即以爲據。至於本書舊次，不敢變動，遇有考訂處，則補注於下，讀者如不明，可參稽後附年表。

晉出公五年，澮絶于梁。水經澮水注。

丹水三日絶，不流。水經沁水注。【訂】原本正文「絶」在「丹水」下，今據沁水注改正。朱本不誤。

【補】通鑑外紀目録：「晉出公五年，澮、丹水絶，三日不流。」當即本紀年。

六年，齊、鄭伐衛。水經濟水注。

荀瑶城宅陽。水經濟水注。

宅陽一名：「北宅。」史記穰侯列傳正義。

國維案：此亦注文。【補】林春溥補證四據濟水注補「荀瑤城宅陽」一條，云：「又史穰侯傳正義引竹書云云」當即此處注文也。王説與之同。

十年十一月，於粤子勾踐卒，是爲菼執，次鹿郢立。史記越世家索隱。【訂】原本正文「次」作「子」，今據索隱正。朱本作「次」。【補】路史後紀十三注：「按紀年：『勾踐以晉出公十年卒，鹿郢立，是爲鼫與』。」

〔衛悼公〕卒于越。史記衛康叔世家：「悼公五年卒。」索隱引紀年云：「四年，卒于越。」據左氏哀二十六年傳，悼公四年，當晉出公十年。【訂】原本正文「衛悼公」三字無〔　〕符號，朱本有，當是，今據以補。【補】朱右曾云：「立悼公事見左傳魯哀公二十六年，當晉出公之六年。則悼公之卒，應在晉出公之十年也。」案林春溥竹書紀年補證四、雷學淇考訂竹書紀年亦據索隱及左傳補在此年（雷氏義證此事編次與考訂本同，惟上「句踐卒」條少「十年」二字，遂與「七年於粤徙都瑯琊」條相淆，誤爲晉出公七年事也。考義證此條下云：「衛悼公據左傳立于魯哀公二十六年，時晉出公之六年，以次年改元，至出公十年卒，故傳云：立四年。」則知義證固與考訂本無異，而「句踐卒」條上實脱「十年」二字，當據考訂本補）。

十二年，河絶于扈。水經河水注。【訂】「十二年」，河水注原作「二十二年」，戴震校本改作「十二年」。趙一清刊誤引何焯説：「上『二』字，衍文。竹書：『周貞定王六年，晉河絶于扈』。正出公十二年也。」此作「十二年」，即據之。但何、戴二氏所校，皆據今本紀年，實不足憑。路史亦引作「二十二年」，則上「二」字非衍文。此應作「二十二年」，爲是。雷學淇義證三十二移此事於「二十二年」，爲是。【補】路史國名紀丁引，作「二十二年」。

十三年，智伯瑤城高梁。水經汾水注。【訂】「十三年」，汾水注原作「三十年」，戴震校本改作「十三年」，此即據之。今本紀年：貞定王「七年，晉荀瑤城南梁。」當晉出公之十三年，戴校蓋據之。又今本紀年附註云：「一本出公二十年」，雷學淇義證三十二即據之，移此事於二十年。案晉出公無三十年，汾水注作「三十」，當誤。「二」「三」易亂，一本之説疑近是。

〔十六年，於粵子鹿郢卒，子不壽立。〕史記越世家索隱引紀年：「鹿郢立，六年卒。」【補】路史後紀十三注引「鹿郢六年卒，盲姑立，是爲不壽。」

荀瑤伐中山，取窮魚之邱。水經巨馬水注、初學記八、太平御覽六十四。【訂】初學記引，無「取」字，當脫。【補】太平寰宇記易州易縣下引。案此條各書所引，皆不繫年。朱本繫在此，云：「此未詳何年。」蓋意在出公十六至十八年之間，王氏從之。今本紀年在周貞定王十二年，當晉出公之十八年。

十九年，韓龐取盧氏城。水經洛水注。【訂】「龐」，朱右曾本作「龍」，云：「龍一作龐。」案「龍」「龐」古音同，相通。

〔燕孝公卒，次成侯載立。〕史記燕世家：「孝公十二年，韓、趙、魏滅智伯。十五年，孝公卒。」索隱曰：「紀年：智伯滅在成公二年。」又曰：「案紀年成侯名載。」今據此補。【訂】原本注「成公二年」，「二」誤作「三」，今據索隱改正。朱本亦誤。朱本此條作「二十年，燕成侯載立。」周年表即以是年爲燕成侯元年。二本文雖異，其實相同。王氏據孝公卒年記之；朱氏則據成侯改元記之。【補】案燕孝公卒年當在晉出公之二十年，見附表。朱、王二氏誤以智伯滅在成公三年推算之，孝公卒在十九年，成侯改元在二十年，皆相差一年，今據索隱辨正。此文當補「二十年」三字。

二十二年，〔趙襄子、韓康子、魏桓子共殺智伯，盡并其地。〕史記晉世家：「哀公四年，趙襄子、韓康子、魏桓子共殺智伯，盡并其地。」索隱：「如紀年之説，乃出公二十二年事。」今據補。

二十三年，出公奔楚，乃立昭公之孫，是爲敬公。史記晉世家索隱。

敬公

【補】朱本敬公二十二年，王氏從之。案敬公當是十八年，説見附表。

〔三年，〕於粵子不壽立十年見殺，是爲盲姑，次朱勾立。史記越世家索隱。【訂】原本正文「爲」作「謂」，今據索隱正。朱本作「爲」。【補】路史後紀十三注引「盲姑十年卒，朱句立，是爲王翳。」案朱句即朱句之誤。朱句卒，王翳乃立。路史此王翳乃涉下文王翳而衍。

六年，魏文侯初立。史記晉世家索隱引「敬公十八年，魏文侯初立。」案魏世家索隱引紀年「文侯五十年卒。武侯二十六年卒。」由武侯卒年上推之，則文侯初立，當在敬公六年。索隱作「十八年」，「十八」二字，乃「六」字誤離爲二也。【訂】朱本在十八年，而於「烈公十五年，魏文侯卒」下云：「索隱云：『紀年：文侯五十年卒。』攷文侯立于晉敬公十八年，晉世家索隱有明文可據。至此歷三十八年。若果有五十年，則文侯初立，應在晉敬公六年，又與晉世家索隱所引不合，應闕疑。」【補】雷學淇介菴經説戰國年表亦繫此事於晉敬公六年，云：「晉世家索隱引此紀，六年誤作十八年。」説與王氏同，當是。今本紀年繫在「考王元年，晉敬公十八年。」

〔十一年，〕田莊子卒。史記田敬仲世家索隱引紀年：「齊宣公十五年，田莊子卒。」案宣公十五年當晉敬公十一年。【訂】原本注「齊宣公十五年」，「五」誤作「二」，今據索隱正。朱本作「五」，不誤。【補】案田敬仲世家索隱又云：「紀年：『明年立田悼子。悼子卒，乃次立田和。』是莊子後有悼子，蓋立年無幾，所以作系本及記史者不得録也。」田悼子卒年，據水經瓠子水注引紀年在晉烈公十一年，即齊宣公五十一年。若莊子卒在此年，明年立悼子，至齊宣公五十一年，則悼子爲三十六年，司馬貞不應云：「立年無幾，所以作系本及記史者不得録也。」索隱此文疑有脱字，雷學淇義證三十四及戰國年表改作「四十五年」，蓋據田敬仲世家所記莊子年數。雖於紀年無確證，理當相近。

〔十二年，〕田悼子立。史記田敬仲世家索隱。【補】雷學淇義證在晉烈公六年，説見上。

〔燕成公十六年卒。燕文公立。〕史記晉世家索隱。【訂】原本無〔　〕符號，朱本亦無。案晉世家索隱無此文。燕世家云：「成公十六年卒，湣公立。」索隱：「紀年：成侯名載」，未言及在位年數。此當是以紀年與史記相同而推定之。今補〔　〕符號，「晉世家」當是「燕世家」之誤。史記湣公，紀年作文公，亦見索隱。【補】案燕成侯爲十五年，見附表。朱、王二氏誤以智伯滅在成侯三年（説見前），遂將成侯立時推前一年，以與燕世家相合。雷學淇義證三十三云：「紀年成侯之卒，較史記前一年者，必卒于是年仲冬或季冬，故世家云：『十六年』。」

幽公

幽公三年，魯季孫會晉幽公于楚邱，取葭密，遂城之。水經濟水注。太平寰宇記曹州乘氏縣下引，作「幽公十三年」。【訂】「幽公三年」，濟水注戴震與趙一清校本皆作「元公三年」，朱謀瑋本作「幽王十三年」，箋注云：「舊本作幽公十三年。」此文「幽公」從舊本，「三年」從戴、趙本。寰宇記引「季孫」作「孝孫」，「晉幽公」作「晉文公」，皆係字誤。【補】通鑑外紀目録：「晉幽公十三年，及魯會楚邱。」當即本紀年，案外紀目録與寰宇記所引皆與水經注舊本相合，則此事當在晉幽公十三年。

七年，大旱，地長生鹽。北堂書鈔一百四十六。

九年，丹水出，相反擊。水經沁水注。【補】通鑑外紀目録：「晉幽公九年，丹沁水出，相反擊。」當即本紀年。

十年九月，桃杏實。太平御覽九百六十八。【補】通鑑外紀目録：「晉幽公十二年，冬，桃杏實。」當即本紀年。

十二年，無雲而雷。太平御覽八百七十六引史記。【補】朱右曾云：「今史記無之，當是紀年文也。」林春溥補證四亦謂：「御覽引史記：『幽公十二年無雲而雷』，至『十八年，晉夫人秦嬴賊公于高寢』，蓋亦引此而誤。」説相同。案通鑑外紀十：周考王「十三年，晉無雲而書。」據外紀目録當晉幽公十二年，與此亦同。

〔十四年，〕於粤子朱勾三十四年滅滕。史記越世家索隱。【補】路史國名紀甲引作「越王朱勾二十年，滅滕。」「二十」字疑有脱誤。案此事當在晉烈公元年，見附表，與此繫年相差，由于晉敬公之年數。以下推算年次皆因之而異，不具論。

燕文公二十四年卒，簡公立。史記燕世家索隱。【補】當在晉幽公十八年，見附表。

〔十五年，〕於粤子朱勾三十五年滅郯。史記越世家索隱。以郯子鴣歸。水經沂水注。水經注引作「晉烈公四年，於越子朱勾滅郯，以郯子鴣歸。」繫年與索隱不合。【補】朱右曾云：「水經沂水注引作晉烈公四年，疑傳刻譌也。」案據越世家索隱所引越紀年排算，此事當在晉烈公二年，見附表。疑沂水注「四」字或爲「二」之誤。通鑑外紀目録：「晉烈公四年，越滅郯。」當即本紀年，則四年之譌相傳已久。

〔秦靈公卒。〕史記秦始皇本紀：「肅靈公。」索隱曰：「紀年及系本無肅字，立十年。」【補】按靈公卒史記六國表在威烈王十一年。則當在晉烈公元年，見附表。此因敬公年數之差異，遂誤前四年，以下類推。

〔十七年，〕於粤子朱勾三十七年卒。史記越世家索隱。【補】路史後紀十三注引「朱勾三十七年卒，王翳立。」案此事當在晉烈公四年，見附表。

〔十八年，〕晉夫人秦嬴賊公于高寢之上。史記晉世家索隱。【訂】原本正文「十八年」三字無〔〕符號，案索隱引無年數，此蓋據晉世家文，當有〔〕符號，今補。【補】太平御覽八百七十六引史記：「幽公十八年，晉夫人秦嬴，弒君于高寢。」與此相同，今史記無此文，林春溥補證四以爲引紀年而誤，當是。又通鑑外紀十：「周威烈王『四年』，晉幽公夫人秦嬴賊公于高寢。」據外紀目録爲晉幽公十八年，當亦本紀年。

烈公

晉烈公元年，趙獻子城泫氏。水經沁水注。【訂】原本正文「獻」誤作「簡」，今據沁水注正。朱本不誤。【補】路史國名紀己、太平寰宇記澤州高平縣下引。通鑑外紀目録：「晉烈公元年，趙城泫氏。」當即本紀年。

韓武子都平陽。水經汾水注。【補】通鑑外紀目録：「晉烈公元年，韓都平陽。」當本紀年。

三年，楚人伐我南鄙，至于上洛。水經丹水注、路史國名紀己。【補】太平寰宇記商州上洛縣下、輿地廣記商州上洛縣下引。通鑑外紀十：「周威烈王七年，楚伐晉南鄙。」據外紀目録爲晉烈公三年，當本紀年。

四年，趙城平邑。水經河水注、初學記八。【訂】原本及遺書甲本皆無此條，遺書乙本有之，今據補。朱本有此條，「四年」作「二年」。按河水注朱謀㙔本、趙一清本皆作「四年」，戴震校本作「二年」，蓋據今本紀年以改，朱本即據之。攷寰宇記引亦作「四年」，則「二年」之説，實不足憑。【補】太平寰宇記魏州南樂縣下引。

五年，田公子居思伐邯鄲，圍平邑。水經河水注。

國維案：田居思即戰國策之田期思，史記田敬仲世家之田臣思。巨思之譌水經濟水注引紀年作田期，史記田敬仲世家索隱引紀年謂之徐州子期。而據濟水注：「齊田期伐我東鄙」，在惠成王十七年，距此凡五十三年。且三家尚未分晉，趙不得有邯鄲之稱。疑河水注所引「晉烈公五年」，或有誤字也。【訂】原本「田敬仲世家索隱」脱「索隱」二字，今補。「田臣思」，錢大昕史記考異四云：「臣當作叵，音怡，與期音相近。」王氏自注以「臣」爲「巨」字之譌，「期」、「巨」聲近，亦通。【補】朱右曾云：「趙都邯鄲，世家在敬侯元年，當魏武侯十一年，此蓋追書也。」案通鑑外紀十：周威烈王「九年，齊伐趙東鄙，圍平邑。」據外紀目録爲晉烈公五年，當即本紀年，與河水注相同。今本紀年此事亦在晉烈公五年。陳逢衡集證以爲「居思與田忌是二人。」

〔六年，〕秦簡公九年卒，次敬公立。史記秦本紀索隱。【補】當在烈公十年，見附表。

〔九年，〕三晉命邑爲諸侯。史記燕世家索隱。【補】當在晉烈公十三年，見附表。

十一年，田悼子卒，〔次田和立。〕田布殺其大夫公孫孫，公孫會以廩邱叛于趙。田布圍廩邱，翟角、趙孔屑、韓師救廩邱。及田布戰于龍澤，田布敗逋。水經瓠子水注。史記田敬仲世家索隱引「（齊）宣公五十一年，公孫會以廩邱叛于趙」，十五字。「次田和立」四字，亦據索隱補。【訂】朱本「十一年」改作「七年」。蓋據田敬仲世家索隱引「（齊）宣公五十一年」，合算晉年，而誤以晉敬公爲二十二年，相差四年，遂改瓠子水注「十一年」爲「七年」，以求符合。王氏不取，甚是。但敬公年數仍從作「二十二年」，則烈公十一年與齊宣公五十一年不當，前後相違，王氏亦偶失察。今辨於此，餘見附表。

十二月，齊宣公薨。史記田敬仲世家索隱。【訂】朱本改在「七年」，説見上。

十二年，王命韓景子、趙烈子、翟員伐齊，入長城。水經汶水注。【補】通鑑外紀十：周威烈王「十六年，王命韓、趙伐齊，入長城。」據外紀目録爲晉烈公十二年，當本紀年。

景子名虔。史記韓世家索隱。

國維案：此司馬貞據紀年爲説，非原文。

〔十五年，〕魏文侯五十年卒。史記魏世家索隱。【補】當在烈公十九年，見附表。

〔十六年，〕齊康公五年田侯午生。史記田敬仲世家索隱。【訂】「十六年」，朱本作「十二年」，誤在宣公卒年，説見前。王氏正之，是。

〔十八年，〕秦敬公十二年卒，乃立惠公。史記秦本紀索隱。【訂】「十八年」，朱本作「魏武侯三年」，即烈公十八年，蓋朱本自烈公十五年後，即以魏武侯元年紀年，説見下。【補】秦始皇本紀索隱王劭引紀年：「簡公後，次敬公。敬公立十二年，乃至惠公。」案此當在烈公二十二年，見附表。【新訂補】敬公立十三年乃至惠公。「三」當作「二」。

二十二年，國大風，晝昏，自旦至中。明年，大子喜出奔。太平御覽八百七十九引史記，今史記無此文，當出紀年。【訂】「二十二年」，朱本改作「十二年」，云：「誤衍一『二』字耳。」未詳所據。【補】林春溥補證四云：「御覽引史記：『晉烈公二十二年』云云，今史記無之，當是引此而誤。」與此説同。今本紀年：周安王「十五年（晉桓公六年），大風晝昏，晉太子喜出奔。」雷學淇義證據之，書在魏武侯十三年。

國維案：史記晉世家索隱引紀年「魏武侯以晉桓公十九年卒。」以武侯卒年推之，則烈公當卒於是年。烈公既卒，明年，大子喜出奔，立桓公，後二十年爲三家所遷。是當時以桓公爲未成君，故紀年用晉紀元，蓋訖烈公。明年，桓公元年，即魏武侯之八年，則以魏紀元矣。御覽引晉烈公二十二年，知紀年用晉紀元訖於烈公之卒。史記索隱引魏武侯十一年、二十二年、二十三年、二十六年，而無七年以前年數，知紀年以魏紀元自武侯八年後始矣。至魏世家索隱引「武侯元年，封公子緩」，則惠成王元年之誤也。說見後。【補】王氏此論約爲兩點：一爲烈公之卒年，一爲魏國紀元之始年，今分辨之。烈公卒年，朱右曾存真在魏武侯七年，作「晉烈公卒，次桓公立。」注云：「據晉世家索隱：『魏武侯以桓公十九年卒』，推校補此。」合算亦爲二十二年，與王說同。案烈公當爲二十六年卒，見附表。朱、王二氏致誤之由，在敬公年數，説已見前。王氏又據御覽此條以爲烈公卒於二十二年之證，御覽所引是否確爲紀年之文，此姑不論。即以此文觀之，僅記變異，亦未明載烈公卒語。太子出奔，不能斷其必與君卒有關。王氏以意度之，更無他證，實不可從。魏國紀元，朱右曾存真始於武侯元年，雷學淇義證同。案杜預左傳後序云：「晉國滅，獨記魏事」，未明言魏紀元始於何君。以史記索隱所引證之，則始自武侯，可以無疑。但「元年」與「八年」，殊難强斷，未知孰是。

魏

武侯

武侯十一年，城洛陽及安邑、王垣。史記魏世家索隱。【訂】朱右曾云：「洛陽當作洛陰，史記：『文侯攻秦，還，築雒陰』，是也。」案魏世家：「築雒陰、合陽」，六國表作「洛陽」。【新訂補】魏世家索引引紀年云魏武侯之元年，當趙烈侯之十四年，此文戰國年表中已引之，非失引也。

宋悼公十八年卒。史記宋世家索隱。【補】案史記宋世家及六國表，悼公皆作八年卒，當周安王六年，即紀年魏武侯之元年也。紀年悼公十八年卒，此即據史記卒年推後算得，當周安王之十六年。

〔十七年，〕於粵子翳三十三年遷于吴。史記越世家索隱。【補】當在武侯十八年見附表。

〔十八年，〕齊康公二十二年田侯剡立。史記田敬仲世家索隱。【訂】朱本在武侯十四年。又於武侯二十一年下有「齊康公卒，次幽公立」條，云：「魏世家索隱引紀年：幽公十八年而威王立。今據此補。」王本無此條，附注於此。【補】疑在武侯十三年，説見附表。

〔二十年，〕於粵子翳三十六年七月，於粵大子諸咎弒其君翳。十月，粵殺諸咎，粵滑吴人立孚錯枝爲君。史記越世家索隱。【補】路史後紀十三注引「王翳三十六年卒，子諸咎殺之。諸枝立，是爲孚錯枝。」文稍略。此事當在武侯二十一年，見附表。陳逢衡集證四十四云：「案『諸咎越滑吳人』語有脱誤，豈諸咎一名越滑耶？又『吳人立孚錯枝爲君』，當作越人，豈以遷于吳，故謂之吳人耶？」又云：「孚錯枝疑是吳王夫差之後，故曰：『吳人立孚錯枝爲君』，蓋乘越内亂而立之也。」愚案「粵滑吳」三字應屬下讀，滑吳當是地名。左傳宣公八年：「楚子及滑汭，盟吳越而還。」是滑鄰吳越，疑即此地，其時爲越所有。吳即王翳遷吳之地。言「粵滑吳人立孚錯枝」者，明非爲全越所共戴立，故下云：「於粵大夫寺區定粵亂，立無余之。」此文無脱誤。陳氏以「粵滑」二字上屬與「諸咎」連讀，疑爲諸咎之別名，當誤。又越滅吳在魯哀公二十二年，距此九十八年，已歷五君。世遠時遷，故吳遺民，更無孑存。陳氏疑爲吳人乘越内亂，立舊君之後爲君，亦屬臆測，恐無此理，不足信。

〔二十一年，〕於粵大夫寺區定粵亂，立無余之。史記越世家索隱。【補】路史後紀十三注引「孚錯枝一年，其大夫寺區定亂，立初無余。」案此事當在武侯二十二年，説見附表。

齊田午弒其君及孺子喜而爲公。史記田敬仲世家索隱。【訂】朱本在武侯二十二年。【補】當在武侯二十二年，見附表。

國維案：史記田敬仲世家索隱：「紀年：『齊康公五年，田侯午生。二十二年，田侯剡立。後十年，齊田午弒其君及孺子喜而爲公。』」又據索隱引紀年齊宣公薨與公孫會之叛同年，而據水經瓠子水注引，則公孫會之叛在晉烈公十一年。宣公於是年卒，則康公元年當爲晉烈公十二年。二十二年當爲魏武侯十八年。此事又後十年，當爲梁惠成王二年。然索隱又引梁惠王十三年，當齊桓公十八年，後威王始見。又案魏世家索隱引「齊幽公之十八年而威王立。」幽公或桓公之譌。則桓公即田午，十八年當惠成王十三年，其自立當在是年矣。年代參錯，未知孰是？【補】朱右曾云：「索隱曰：『在田侯剡立後十年』又云：『梁惠王十三年，當齊桓公十八年。』又引春秋後傳曰：『田午弑田侯及孺子喜而兼齊』，是爲桓侯所弑者即侯剡也。」愚按王氏既據索隱所引梁惠成王十三年當齊桓公十八年，推算桓公立年，則當在魏武侯二十二年，與朱氏相同，不應在二十一年，疑脱去「二十二年」字。又案田敬仲世家索隱所引紀年與瓠子水注引相近，惟「齊康公二十二年，田侯剡立」，下「二」字疑是「一」字之譌，當是康公二十一年，如此，年代並不參錯（見附表）。王氏誤以晉烈公二十二年當魏武侯七年，相差四年，又從索隱：「齊康公二十二年」語，兩共相差五年，遂謂「當爲梁惠成王二年」，其實不然。

韓滅鄭，哀侯入于鄭。史記韓世家索隱。【訂】朱本在武侯二十二年。原本注：「韓世家」，「韓」字誤作「魏」，今正。朱本不誤。【補】案韓世家索隱明載爲武侯二十一年，史記各本皆同。朱氏偶失察，其周年表亦同誤。

二十二年，晉桓公邑哀侯于鄭。韓山堅賊其君哀侯，而韓若山立。史記韓世家索隱。晉世家索隱引「晉桓公十五年，韓哀侯卒。」【訂】原本正文「二十二年」誤作「二十三年」，注「韓世家」，「韓」字誤作「魏」，今併正。朱本「韓」字不誤，亦作「二十三年」，其周年表同。案索隱明作「二十二年」，朱氏或據譌本史記，王氏偶未察，從之而誤。【補】趙紹祖校補云：「下言韓懿侯若（案趙氏謂今本紀年趙成侯偃、韓懿侯若伐我葵。此亦見水經沁水注引，在梁惠成王元年下），則若山即韓懿侯，或此衍山字，或彼遺山字，不可知。」洪頤煊校正云：「若山即懿侯也。」

趙敬侯卒。史記晉世家索隱引「晉桓公十五年，趙敬侯卒。」【訂】朱右曾本在二十三年，云：「今推校是桓公十六年。」蓋朱氏譌據史記索隱「二十二年」爲「二十三年」，説見上。

二十六年，武侯卒。史記魏世家索隱。【補】晉世家索隱引紀年「魏武侯以桓公十九年卒。」

燕簡公四十五年卒。史記燕世家索隱。

梁惠成王

元年，韓共侯、趙成侯遷晉桓公于屯留。水經濁漳水注、史記晉世家索隱。【補】索隱作「桓公二十年」，又云：「已後更無晉事。」

晝晦。開元占經一百一。

封公子緩。趙侯種、韓懿侯伐我，取蔡。而惠成王伐趙，圍濁陽。史記魏世家：「初武侯卒也，子罃與公中緩争爲太子。」索隱引紀年曰：「『武侯元年，封公子緩。趙侯種、韓懿侯伐我取蔡，而惠成王伐趙，圍濁陽。七年，公子緩如邯鄲以作難』云云。」案武侯元年當作惠成王元年，據本文自明。水經沁水注引「梁惠成王元年，趙成侯偃、韓懿侯若伐我葵。」路史國名紀己引同，惟「葵」作「郲」。索隱引作「蔡」乃字之誤。【訂】朱本「封公子緩」，在魏武侯元年。「蔡」，今本紀年作「葵」，與沁水注同。【補】封公子緩事，今本紀年在魏武侯元年，雷學淇義證三十六在「梁惠成王元年」，與此相同，又以「七年公子緩如邯鄲以作難」，改「七年」爲「七月」，書於趙、韓伐葵上，云：「史記魏世家曰：『武侯卒，子罃立，是爲惠王。惠王元年。初，武侯之卒也，子罃與公中緩争爲太子。公孫頎自宋入趙，自趙入韓，謂懿侯曰：魏罃與公中緩争爲太子，君亦聞之乎？今魏罃得王錯，挾上黨，固半國也。因而除之，破魏必矣，不可失也』云云。據此，是武侯時未立太子。及武侯卒，罃、緩皆據地争立。王錯立罃，即以緩所據之地封之。七月，緩如趙作難，蓋知罃之封己，非出誠意，不過姑且安置，侯以徐圖，故使公孫頎與趙合謀，結韓伐魏，以自立也。」又「伐趙，圍平陽」，今本紀年在明年。

鄴師敗邯鄲師于平陽。水經濁漳水注。【訂】原本正文「邯鄲」下有「之」字，今據水經注删，朱本亦有。【補】太平寰宇記相州臨漳縣下引作「梁惠成王敗邯鄲之師於平陽。」

二年，齊田壽帥師伐我，圍觀，觀降。水經河水注。【訂】「我」，朱謀㙔本水經注作「趙」，戴震與趙一清本皆據今本紀年改作「我」，此從之。【補】路史國名紀丁云：「漢之畔觀，故屬趙。」注引紀年：「梁惠成二年，齊田壽帥師伐趙，圍觀，觀降。」案史記六國表魏表：「惠王三年，齊伐我觀津。」齊表：「威王十一年，伐魏取觀。」今本紀年與史記合，諸家皆據之。然紀年異於史記者甚多，似以不改字爲是。

魏大夫王錯出奔韓。史記魏世家集解。

三年，鄭城邢丘。水經濟水注。【訂】原本注「濟水」，誤作「河水」，今據水經注正。朱本作「泲水」，即「濟水」。

秦子向命爲藍君。水經渭水注。太平寰宇記雍州藍田縣引「惠王命秦子向爲藍田君。」長安志引作「梁惠成王命太子向爲藍田君。」【補】路史國名紀己。今本紀年亦作「秦子向」。陳逢衡集證四十五云：「藍爲秦地，魏不得命太子往爲藍君，當是秦與泰近，而泰又與太通，故長安志引紀年訛爲梁惠成王命太子向耳。」

四年，河水赤于龍門三日。水經河水注。

五年，公子景賈帥師伐鄭，韓明戰于陽，我師敗逋。水經濟水注。【訂】案「明」字疑爲「朋」之誤，韓朋見戰國策韓策，即公仲，韓非子十過篇作公仲朋，史記田敬仲世家作韓憑。「憑」「朋」聲近，通。又按韓朋見於戰國策及史記韓世家，在韓宣惠王、襄王之時。濟水注又引「今王七年，韓明帥師伐襄邱」，當韓宣惠王之二十一年，與史記、國策相合，距此五十四年；韓世家襄王十二年，公仲尚在，則距此又六十六年，恐無此長壽。疑此「惠王五年」或是「後五年」之誤。

六年，四月甲寅，徙都于大梁。水經渠水注。漢書高帝紀注：「臣瓚曰：『汲郡古文：惠王之六年，自安邑遷于大梁』。」史記魏世家集解、孟子正義皆引「梁惠成王九年，四月甲寅，徙都大梁。」【訂】原本注「汲郡」作「汲冢」，今據漢書注正。【補】魏世家：「惠王三十一年，徙治大梁。」索隱：「紀年以爲惠王九年，蓋誤也。」亦作「九年」。路史國名紀戊云：「魏惠王六年，自安邑徙大梁，遂曰：梁。」當即本紀年，則作「六年」。「六」與「九」，未知孰是。今本紀年在周顯王四年，即魏惠王六年，雷學淇考訂竹書紀年在惠王九年，云：「案史遷謂此事在惠王三十一年，秦詐我將軍公子卬，襲奪其軍之後。年表作『秦虜我公子卬。』然魏世家云：『惠王九年，與秦戰少梁，虜我將公孫痤。』年表則云：『惠王九年，與秦戰少梁，虜我太子。』據此，是史遷以前，實亦有惠王九年，秦虜太子徙都之説。傅（案謂臣瓚）酈（案謂酈道元）等書引作六年，誤也。今從裴解、孫疏移繫于此。」

於粵寺區弟思殺其君莽安，次無顓立。史記越世家索隱。【補】路史後紀十三注引「初無余十二年，寺區之弟思復殺其君莽，而立無顓。」此事當在惠王八年，見附表。

七年，公子緩如邯鄲以作難。史記魏世家索隱。【訂】朱本此條在下「地忽長十丈餘」條後。【補】今本紀年在「周烈王元年，魏武侯十二年。」陳逢衡集證四十四云：「此條當在魏武侯卒後。是役也，趙助公子緩，故趙謂韓除魏君立公子緩也。據世家爲趙成侯、韓懿侯，則此條當繫於烈王六年，是爲魏惠王元年。中緩爭立，當在此時，當在『烈王六年，趙成侯、韓懿侯伐我葵』之上。」案索隱此條原引紀年，在「魏武侯元年，封公子緩」後，「魏武侯」是「梁惠成王」之譌，王氏已正之，見前，故此條從之作「惠成王七年」。雷學淇義證三十六改「七年」爲「七月」，移在「惠王元年，趙、韓伐葵」之上，與陳氏説同，見前。

雨碧于郢。太平御覽八百九、廣韻二十二昔、路史發揮二注。【訂】原本注「發揮二」，「二」誤作「一」，今正。

地忽長十丈有餘，高尺半。太平御覽八百八十。

八年，惠成王伐邯鄲，取列人。伐邯鄲，取肥。水經濁漳水注。

雨黍于齊。太平御覽八百四十二引「惠成王八年雨黍」七字。又八百七十七引全文，作「史記」。【補】今本紀年：「周顯王六年，雨黍於齊。」即梁惠成王八年，與此同。

雨骨于赤髀。路史發揮二注。【訂】原本注「發揮二」，「二」譌作「一」，今正。案路史發揮二：

「骨」下，注：「梁惠成王八年，雨于赤髀，後國飢兵疫。內記云：『是謂陽消』。」所見清嘉慶六年酉山堂刻本、四部備要本路史皆如此，不云出紀年。但此條自孫之騄、洪頤煊以下皆引作紀年，或路史舊本有著明出紀年者。又按明董說七國攷十三魏災異目下引此條作述異記，文與路史注全同，當即根據路史，是董氏所見本亦無「紀年」字，但與今本路史又不同。

齊桓公十一年弒其君母。史記田敬仲世家索隱。【訂】原本注「十一年」誤作「十二年」，今據史記索隱正。朱本亦誤。【補】朱本此事在惠王七年。案當在惠王六年，見附表。

九年，與邯鄲榆次、陽邑。水經洞渦水注。

晉取泫氏。太平御覽一百六十三、太平寰宇記澤州高平縣條、路史國名紀己。【訂】原本注「國名紀己」下有「注」字，今據路史刪。案萬廷蘭刻本寰宇記有「晉烈公元年，趙獻子城泫氏」，而無此條。或別本寰宇記有之。【補】陳逢衡集證五十云：「紀年自烈王六年，韓、趙遷晉桓公于屯留，以後更無晉事矣，此焉得云晉取乎？唯顯王十七年有晉取玄武、濩澤之語，此『晉』字亦係訛舛，不可據。案泫氏屬趙，在上黨。紀年惠王八年伐邯鄲，取列人，取肥。九年，與邯鄲趙榆次、楊邑。則取泫氏當即在此時，蓋顯王之七年也。『晉』字疑衍。或曰：顯王十七之晉取玄武，即泫氏。蓋泫以脱去水旁而爲玄，武與氏又以形相似而誤耳。事在惠成十九年（九，原譌作七，今正），諸書引此脱去十字，故云九年。亦通。」案孟子梁惠王篇梁惠王自稱晉國。戰國策稱晉國者甚多，皆指魏國而言，與孟子相同。劉寶楠愈愚録四云：「戰國時晉地多入魏，故其稱晉國也有四：有指魏境內晉地言者，有指魏境內晉都言者，有指魏國言者，有指魏都言者。」舉證頗備，因文長不録。此「晉」字殆亦是指魏國，陳氏説疑非。雷學淇義證以「惠王十九年，晉取玄武、濩澤」，改「玄武」爲「泫氏」，與陳氏引或説同。

王會鄭釐侯于巫沙。水經濟水注。

十年，入河水于甫田，又爲大溝而引甫水。水經渠水注。

瑕陽人自秦道岷山青衣水來歸。水經青衣水注。【補】朱右曾云：「瑕陽人浮青衣水至蜀，自蜀至秦，又自秦來梁也。」

十一年，鄭釐侯使許息來致地：平邱、户牖、首垣諸邑及鄭馳道。我取軹道，與鄭鹿。水經河水注。【訂】「十一年」，朱謀㙔本水經注作「十三年」，戴震校本改作「十一年」。趙一清朱箋刊誤云：「竹書紀年是十一年。」此即據之。但今本紀年爲周顯王十一年，乃梁惠成王之十三年，與朱本水經注相同，趙氏亦偶失考。案鄭釐侯來致地，與「十三年，王及鄭釐侯盟于巫沙，以釋宅陽之圍」，當有關。今本紀年記致地事在盟巫沙上，同在十三年，蓋是，宜從之。此「十一年」當從朱箋本作「十三年」。【補】朱右曾云：「馳道，近刻紀年及水經注並作馳地。王引之經義述聞以爲『馳地者弛地也，弛，易也』」。徐文靖統箋十二云：「馳地是馳走車馬之中道。孔仲達曰：『馳道如今之御道也』。」按徐説近是。

東周惠公傑薨。史記六國表集解。

十二年，龍賈帥師築長城于西邊。水經濟水注。

楚師出河水以水長垣之外。水經河水注。

鄭取屯留、尚子、涅。水經濁漳水注。太平寰宇記潞州長子縣下引「鄭取屯留長子」六字。【補】

太平御覽一百六十三引，無「湼」字，下有「即長子之地也」六字，疑是注文。路史國名紀丁云：「長子，紀年之尚子也。」注：「梁惠成十二年，鄭取屯留、尚子。」

十三年，王及鄭釐侯盟于巫沙，以釋宅陽之圍，歸釐于鄭。水經濟水注。【補】程大昌禹貢山川地理圖。

齊威王立。史記魏世家索隱引「齊幽公之十八年，而威王立。」又田敬仲世家索隱引「梁惠王十三年，當齊桓公十八年，後威王始見。」今據補。【補】朱右曾存真作「齊桓公卒，次威王立。」案田敬仲世家索隱又云：「則桓公十九年而卒。」則威王元年當在惠王十五年。田敬仲世家索隱又引「齊威王十四年，田朌伐梁，戰馬陵。」孟嘗君列傳索隱云：「紀年當梁惠王二十八年。」以此推算，完全符合，見附表。索隱此謂威王立者，雷學淇義證三十七云：「或立爲太子。否則桓公退老，使威王攝政，至明年，桓公卒而威王始即繼體之位。又明年，始改元，猶春秋時齊靈、莊之故事矣。」

十四年，魯共侯、宋桓侯、衛成侯、鄭釐侯來朝。史記魏世家索隱。

於粵子無顓八年薨，是爲菼蠋卯。史記越世家索隱。【補】路史後紀十三注引「無顓八年」。索隱又云：「後十年，楚伐徐州。無楚敗越，殺無彊之語，是無彊爲無顓之後，紀年不得録也。」案此事當在惠成王十六年，見附表。

十五年，魯共侯來朝。史記六國表集解。

邯鄲成侯會燕成侯于安邑。史記六國表集解。【訂】以上二條，朱本次在「鄭築長城」條後。

遣將龍賈築陽池以備秦。太平寰宇記鄭州原武縣下。【補】元和郡縣志鄭州原武縣下。

鄭築長城自亥谷以南。水經濟水注：「自亥谷以南，鄭所城矣。竹書曰：『梁惠王十五年築也。』」

十六年，秦公子壯帥師伐鄭，圍焦城不克。水經渠水注。

秦公孫壯帥師城上枳、安陵、山氏。水經渠水注。【訂】戴震校本水經注「山氏」作「山民」，蓋從今本紀年校改。

邯鄲伐衛，取漆富邱，城之。水經濟水注。

齊師及燕師戰于泃水，齊師遁。水經鮑邱水注。【訂】鮑邱水注「燕」下無「師」字，當刪。

邯鄲四曀，室壞多死。開元占經一百一引作「周顯王十四年。」【訂】原本注「十四年」，誤作「四年」，今據占經正。顯王四年當梁惠成王六年，不合。

十七年，齊田期伐我東鄙，戰于桂陽，我師敗逋。水經濟水注。史記孫子吳起列傳索隱：「王劭案紀年：『梁惠王十七年，齊田忌敗我桂陵』」，與此文異。又田敬仲世家：「田臣思。」索隱：「戰國策作田期思，紀年謂之徐州子期。」【訂】此條原本在下「圍襄陵」之後，朱本互易，今從之，説見後。「十七年」三字原本在下條「宋景敾」云云上，兹移於此。

宋景敾、衛公孫倉會齊師，圍我襄陵。水經淮水注。【訂】原本此條在「戰桂陽」前。朱本如此。案此事與下文「十八年，王以韓師敗諸侯師于襄陵」，當有關，是應在「戰桂陽」之後，朱氏編次爲是，兹從之。今本紀年此事亦在「戰桂陽」之後。以上二條，朱本次在「鄭釐侯來朝中陽」後。

東周與鄭高都、利。水經伊水注。

鄭釐侯來朝中陽。水經渠水注。

有一鶴三翔于郢市。燉煌唐寫本修文殿御覽殘卷。【訂】此條爲王氏所補。

十八年，王以韓師敗諸侯師于襄陵。水經淮水注。

齊侯使楚景舍來求成。水經淮水注。

王會齊、宋之圍。水經淮水注。【訂】朱右曾注作「趙一清本水經淮水注」，案永樂大典本作「公會齊、宋之圍」，「公」字當誤。戴震校本删此句，蓋從今本紀年。

趙敗魏桂陵。史記魏世家索隱。

【補】韓玘〔弒其君悼公。〕史記韓世家：「昭侯十年，韓姬弒其君。」索隱：「紀年姬亦作玘，並音羊之反。姬是韓大夫，而王劭亦云：『不知悼公何君也？』」（此條索隱「紀年」二字，宋黄善夫刻本、清武英殿刻本皆無之，索隱單刻本、會注考證本有之，今據補。）梁玉繩史記志疑云：「悼公非韓君也。攷三晉遷晉静公于屯留後之十二年，鄭取屯留，静公遷爲家人。又歷十一年爲昭侯十年。疑悼公即静公，至是被弒也。各國之君有二謚者甚多，静公在位二年而遷，故又謚悼。」陳逢衡紀年集證五十以爲「韓姬即是昭侯，韓爲姬姓，故云韓姬。」愚案晉世家索隱引紀年「韓共侯、趙成侯遷晉桓公于屯留」，謂：「已後更無晉事」，則悼公當非晉君。且是時晉亡已久，静公夷爲家人，亦無庸篡殺，而韓大夫或韓君於晉故君，尚何有君臣之分哉！梁、陳二氏説疑未允。朱本有此條，在「十七年」。案韓昭侯十年，當梁惠成王十八年，見附表。

十九年，晉取玄武、濩澤。水經沁水注。【補】趙紹祖校補云：「晉，當即三晉，而記事殊未分明。」雷學淇義證三十七改「玄武」作「泫氏」。案此條疑有誤字，説見「八年，晉取泫氏」下。

二十年，齊築防以爲長城。水經汶水注。史記蘇秦傳正義引「齊」下有「湣王」二字。【訂】案此爲齊成王六年事，時距湣王尚遠，正義「湣」字當是「威」之誤。

〔二十四年，〕楚伐徐州。史記越世家索隱。【補】當在惠成王二十六年，見附表。

二十五年，絳中地坼，西絶于汾。水經汾水注。【訂】汾水注原作「梁武王」，朱謀㙔云：「當作梁惠成王」，此據之。

二十六年，敗韓馬陵。史記魏世家索隱。【訂】朱本誤在十八年，王氏正之，是。

二十七年，十二月，齊田盼敗梁馬陵。史記孫子吴起列傳索隱。案魏世家索隱引「二十八年，與田盼戰于馬陵。」二十七年十二月，在周正爲二十八年二月，是魏世家索隱已改算爲周正也。田敬仲世家索隱引「齊威王十四年，田盼伐梁，戰馬陵。」考紀年齊威王以梁惠王十三年立，至此正得十四年。【訂】朱本此事作二條：一作「二十七年，十二月，齊田盼伐我。」一作「二十八年，與齊田盼戰于馬陵，我師敗逋。」【補】史記孟嘗君列傳：「宣王二年，田忌與孫臏、田嬰俱伐魏，敗之馬陵，虜魏太子申，而殺魏將龐涓。」索隱云：「紀年當梁惠王二十八年。」案此事魏世家、孟嘗君列傳索隱皆引作「惠王二十八年」，則孫吴列傳索隱之「二十七年」，「七」爲「八」字之譌。王氏以爲改算周正之差，然索隱屢引紀年皆從夏正，何得於此二條獨異，王説殆未允。今本紀年戰馬陵在周顯王二十六年，當梁惠王之二十八年，亦同。齊威王元年當在梁惠王十五年，説見「十三年，威王立」條下，至此正得十四年，并詳附表。

二十八年，穰苴帥師及鄭孔夜戰于梁赫，鄭師敗逋。水經渠水注。【訂】「穰苴」，朱本作「穰疵」，蓋從戴校本水經注。永樂大典本作「穰疵」。

二十九年，〔五月，〕齊田肦及宋人伐我東鄙，圍平陽。水經泗水注。史記魏世家索隱引作「二十九年，五月，齊田肦伐我東鄙。」【訂】「五月」二字原本無〔〕符號，案泗水注引無「五月」二字，此蓋據魏世家索隱引補，當有〔〕符號，今增。

九月，秦衛鞅伐我西鄙。史記魏世家索隱。商君列傳索隱引無月。【新訂補】商君傳衛鞅虜魏公子卬破魏軍梁惠王割河西地以和，遂去安邑徙都大梁。索引云：紀年曰梁惠王二十九年秦衛鞅伐梁西鄙。則遷大梁在惠王之二十九年也。

十月，邯鄲伐我北鄙。史記魏世家索隱。

王攻衛鞅，我師敗績。史記魏世家索隱。

〔秦孝公會諸侯于〕逢澤。史記六國表：「惠王二十九年，秦孝公二十年會諸侯于澤。」徐廣曰：「紀年作逢澤。」水經渠水注引徐説略同。【訂】朱本此條在「圍平陽」前。【補】雷學淇義證三十八云：「按戰國秦策曰：『梁君伐楚勝齊，制韓、趙之兵，驅十二諸侯以朝天子于孟津。』又曰：『魏伐邯鄲，因退而爲逢澤之遇，乘夏車，稱夏王，朝爲天子，天下皆從。』齊策曰：『昔者魏王擁土千里，帶甲三十六萬，恃其强而拔邯鄲，西圍定陽，又從十二諸侯朝天子，以西謀秦。秦王恐之，衛鞅見魏王曰：大王不如先行王服，然後圖齊、楚。魏王説于衛鞅之言也，故身廣公宫，制丹衣柱，建九斿，從七星之旟。』韓策曰：『魏王爲九重之盟，且復天子，房喜謂韓王曰：勿聽之也。』據此諸説，是惠王于勝韓、趙之後，即率十二諸侯朝天子孟津，因鄭君弗聽，秦又説之使行王服，于是齊與秦始起而敗之。核以紀年之文，年表之顯王二十五年，會諸侯，實即惠王之事，蓋十八年敗齊拔趙，二十三年伐燕，二十四年及二十五年伐楚，二十六年敗韓，此實惠王極盛之時。其明年，即顯王之二十五年矣，魏之會諸侯，朝天子，在此年無疑。過此則二十八年、二十九年，皆敗于齊、秦之歲矣。」案雷氏辨梁惠王爲逢澤之會朝天子當在二十七年，甚詳。但又謂此條「蓋因魏敗于秦，獻洛西之地，故顯王致伯于秦，諸侯畢賀，秦乃使少師會諸侯于魏郊，朝王于逢忌之藪也。」説似紆曲。攷徐廣音義「紀年作逢澤」，蓋以明史記「澤」之異文。不必紀年所記即此事，亦不必紀年記逢澤會與史記同年。紀年爲魏史，惠王逢澤之會，不當闕書。疑紀年記此事在魏敗于齊、秦前。（史記馬陵之戰在魏惠王三十年，秦伐魏在三十一年，亦均在逢澤會後。紀年記二役年次與史記不同，故逢澤會亦應提前。）今本紀年因史記徐廣注而淆誤。又按戰國策秦策四「魏伐邯鄲，因退爲逢澤之遇。」吴師道注：「逢澤之遇，秦爲之，非魏也。」于鬯注云：「吴説非也。彼據秦紀『孝公二十年，秦使公子少官率師會諸侯，朝天子』而言，不知彼『秦』字正當作『魏』。若爲秦，在秦紀中可不煩著『秦』字。且彼下年言齊敗魏馬陵，亦據魏事，可會也。然則是史誤魏事爲秦事。韓策云：『魏王爲九里之盟，且復天子』，即此所謂逢澤之遇。九里蓋即逢澤，一地而異名，或小大名。又後策云：『梁君驅十二諸侯以朝天子於孟津』，亦即此事，逢澤又豈與孟津爲一地與？」于氏亦以逢澤會爲魏王，其戰國年表就繫此事在魏惠王二十九年，年次蓋從史記。

三十年，城濟陽。水經濟水注。

秦封衛鞅于鄔，改名曰「商」。水經濁漳水注、路史國名紀己。後漢書光武帝紀注引作「衛鞅封于鄔。」【訂】原本注「鄔」字誤作「鄗」，今據光武紀正。【補】史記商君傳索隱：「紀年云：『秦封商鞅，在惠王三十年』。」陳逢衡集證四十七云：「商君列傳謂『鞅既破魏，封之於商十五邑。』於讀爲烏，當即鄔也。舊止名鄔，今改曰商，故謂之商於。」按「鄗」當是「鄔」，形相似而誤，光武紀注誤爲鉅鹿郡鄗縣，音苦堯反，傳訛益遠。趙一清水經注校釋云：「衛鞅封邑在宏農之商縣。地理志云：『秦相衛鞅邑也。』然則何得云在鉅鹿之地乎？」

三十一年，三月，爲大溝于北郛，以行圃田之水。水經渠水注。【補】輿地廣記東京祥符縣下引「惠王爲大溝於此郛，以行圃田之水。」「此」字乃「北」字之誤。

邳遷于薛，改名徐州。水經泗水注。史記魯世家索隱引「梁惠王三十一年，下邳遷于薛。」孟嘗君列傳正義引「梁惠王三十年，邳遷于薛，改名徐州。」「三十」下奪「一」字。【訂】魯世家索隱引紀年下有「故名曰徐州」，亦紀年文，「故」乃「改」字之誤。「徐」，會注考證本史記作「俆」。張文虎札記云：「案據集解、索隱，似即田常殺簡公之俆州。」

〔三十二年，〕與秦戰岸門。史記秦本紀索隱。此繫年據史記六國表補。

三十六年。春秋經傳集解後序：「惠王三十六年改元從一年始，至十六年而稱惠成王卒。」【補】史記魏世家集解引荀勗曰：「和嶠云：『今按古文惠成王立三十六年，改元稱一年，改元後十七年卒』。」通鑑考異一引同。索隱亦云：「紀年説惠成王三十六年，又稱後元一，十七年卒。」則惠王三十六年，亦即爲後元一年。杜氏以三十六年後，從一年始，故惠王卒歲遂相差一年，此從杜説。愚按荀勗、和嶠皆親校竹書，其說似較杜預更可信，宜從之。說詳見附表。

一年。春秋經傳集解後序。【補】當作「三十六年，改元稱一年。」說見上及附表。

〔二年，〕鄭昭侯武薨，次威侯立。史記韓世家索隱。【訂】「鄭昭侯」當依前文作「鄭釐侯」，此是索隱因史記正文而稱，非紀年原文如此。【補】案此當在三年，見附表。

【補】韓昭侯之世，兵寇屢交。史記申不害列傳索隱：「王劭案紀年韓昭侯之世」云云。按此乃王劭據紀年爲說之詞，當非原文，因昭侯卒事，附於此。「昭侯」當作「釐侯」，說見上。

〔九年，鄭〕威侯七年與邯鄲圍襄陵。五月，梁惠王會威侯于巫沙。十月，鄭宣王朝梁。史記韓世家索隱。【補】鄭宣王即鄭威侯。韓世家索隱又云：「紀年敗韓舉當韓威王八年。」韓威王亦即鄭威侯，韓世家作宣惠王。郝懿行紀年通考云：「梁惠成元年方稱韓共侯，旋稱韓懿侯。周隱王元年（案即古本紀年今王五年）之鄭宣王，即顯王十八年（案即古本紀年惠成王二十年）之鄭威侯，俱一人而有兩稱。」案此均當在十年，見附表。

〔十年，〕齊田朌及邯鄲韓舉戰于平邑，邯鄲之師敗逋，獲韓舉，取平邑、新城。水經河水注。【補】通鑑外紀十：「周威烈王十四年，齊田朌及趙戰于平邑，獲趙將韓舉，取平邑。」據外紀目録「當晉烈公十年」，當本紀年。

朱氏右曾曰：「此事水經注引作晉烈公十年。索隱云：『紀年敗韓舉當韓威王八年』，計相距七十八歲，不應有兩田朌，兩韓舉。考趙世家云：『肅侯二十三年，韓舉與齊、魏戰，死于桑邱。』肅侯元年當梁惠王二十二年，下逮後元十年，爲肅侯之二十五年。蓋趙世家誤五爲三，水經注誤惠成後元十年爲晉烈公十年也。至韓世家以韓舉爲韓將，則更舛矣。」

【補】朱氏所引索隱見韓世家。黄式三周季編略六云：「水經五河水注引紀年此事云：『十年』，惠王後十年也。輯紀年書者書此事於威烈王之十六年，是以魏惠王後十年爲晉烈公十年矣。」其説與朱氏同。按今本紀年周隱王（即赧王）四年又有「魏敗趙將韓舉。」雷學淇義證三十九據韓世家索隱移此事於惠王後十年，云：「按此韓舉非烈公十年被獲者，此距平邑之戰已八十餘年。」是又以平邑之戰與敗韓舉劃爲二事。攷田朌即朌子，田敬仲世家：「齊威王二十四年，與魏王會田於郊。威王曰：『吾臣有朌子者使守高唐，則趙人不敢東漁於河。』」則田朌爲威王時名將。威王元年當梁惠王十五年，時距晉烈公十年，已五十年。又二十四年爲七十五年。假定戰平邑時，田朌年三十歲左右，如此，當在百歲以上矣，恐無此長壽。朱説當是。但通鑑外紀已記此事在烈公十年，其誤已久，固不自今本紀年始。

十一年，〔會韓威侯、齊威王于〕平阿。史記孟嘗君列傳：「田嬰與韓昭侯、魏惠王會齊宣王東阿南，盟而去。」索隱曰：「紀年當惠王之後元十一年，作平阿。但齊之威、宣二王，文舛互不同也。」案韓昭侯，紀年亦當作「韓威侯」。【訂】朱本引趙紹祖云：「昭侯當爲威侯，宣王當爲威王。」按韓威侯於惠王後十年十月已稱王，據例則紀年此文當作鄭宣王。

十三年，會齊威王于甄。史記孟嘗君列傳索隱。

四月，齊威王封田嬰于薛。十月，齊城薛。史記孟嘗君列傳索隱。

嬰初封彭城。史記孟嘗君列傳索隱。【訂】朱本此條在「薛子嬰來朝」下。

十四年，薛子嬰來朝。史記孟嘗君列傳索隱。

國維案：此司馬貞據紀年爲説，非本文。

十五年，齊威王薨。史記孟嘗君列傳索隱。

十六年，惠成王卒。春秋經傳集解後序。【補】據荀勗、和嶠説，當作「十七年」，見「惠王三十六年」下及附表。

今王

〔四年，〕鄭侯使韓辰歸晉陽及向。二月，城陽、向，更名陽爲河雝，向爲高平。水經濟水注引無年。史記趙世家集解：「徐廣曰：『紀年云：魏襄王四年，改河陽曰河雍，向曰高平』。」據此補。又秦本紀集解：「徐廣曰：『汲冢紀年云：魏哀王二十四年，改宜陽曰河雍，向曰高平』。」案紀年終于今王二十年，不得有二十四年，「二十」字衍。【補】史記范雎列傳正義引「鄭侯使辰歸晉陽、向，更名高平。」路史國名紀甲引與水經注同。皆不繫年。今本紀年在慎靚王六年，當今王四年。

碧陽君之諸御産二龍。開元占經一百十三。

〔五年，〕燕子之殺公子平。史記燕世家索隱。

齊人禽子之而醢其身。史記燕世家索隱。【補】以上二條繫年，皆據史記六國表。

趙立燕公子職史記六國表集解。趙世家：「趙召燕公子職于韓，立以爲燕王，使樂池送之。」集解：「徐廣曰：『紀年亦云爾』。」【補】趙世家此事在武靈王十一年。六國表在十二年，當魏哀王之五年，繫年據之。

六年，秦取我焦。路史國名紀戊注。【訂】原本注「戊注」誤作「己」，今據路史正。

齊地暴長，長丈餘，高一尺。太平御覽八百八十引作「周隱王二年」。【補】隱王即赧王。

七年，韓明帥師伐襄邱。水經濟水注。【補】韓明當是韓朋之誤，説見「惠王五年，伐鄭，韓明戰于陽」下。

秦王來見于蒲坂關。水經河水注。

四月，越王使公師隅來獻乘舟始罔及舟三百、箭五百萬、犀角象齒。水經河水注。【訂】原本正文「公師隅」，「師」誤作「孫」，今據水經注正。朱本不誤。【補】朱右曾云：「始罔，舟名。」雷學淇云：「始罔舟未詳。或曰：『罔、網古字通，謂漁舟也。』自吴王夫差溝通江淮，故粤之舟得沿江泝淮，由泗入汴，以達于魏。」（義證四十）

齊宣王八年殺其王后。史記田敬仲世家索隱。【補】當在上年，見附表。【新訂補】帛書戰國縱横家書第四章蘇秦獻書燕王：「齊改葬其後（同后）而召臣。……齊王之多不忠也，殺妻逐子，不以其罪。」與此文可相應。

楚景翠圍雍氏。史記韓世家集解。【補】集解：「徐廣曰：『秦本紀惠王後元十三年，周赧王三年，楚懷王十七年，齊湣王十二年，皆云：楚圍雍氏。紀年於此亦説楚景翠圍雍氏云云，皆與史記年表及田完世家符合。』」按六國表秦惠王後元十三年，當魏哀王七年。繫年據之。

秦助韓共敗楚屈匄。史記韓世家集解。

韓宣王卒。史記韓世家集解。

齊、宋圍煑棗。史記韓世家集解。

八年，翟章伐衛。史記魏世家索隱。

秦樗里疾圍蒲不克，而秦惠王薨。史記樗里子列傳索隱。本不繫年以秦惠王薨年考之，列此。

【補】按樗里子傳稱「昭王元年，樗里子將伐蒲。」索隱：「按紀年云云，事與此合。」攷秦惠王後爲武王，武王後爲昭王。若此信是惠王，則與史記不同，索隱不當云：「事與此合。」故此「惠王」疑是「武王」之誤。如此，據六國表紀年推算，事當繫在今王十二年，與秦圍皮氏役亦相合。

九年，洛入成周，山水大出。水經洛水注。

五月，張儀卒。史記韓世家及張儀傳索隱。

楚庶章帥師來會我，次于襄邱。水經濟水注。

十年十月，大霖雨，疾風，河水溢酸棗郛。水經濟水注。【訂】原本注「濟水」誤作「河水」，今正。朱本作「泲水」，即「濟水」，不誤。

十二年，秦公孫爰帥師伐我，圍皮氏，翟章帥師救皮氏圍。疾西風。水經汾水注。【補】朱右曾云：「疾蓋人名。西風，地名。」徐文靖統箋十二云：「按魏策曰：『秦、楚攻魏皮氏，魏太子在楚，謂樗子于鄢陵曰：公必且待齊、楚之合也，以救皮氏。今齊、楚之理必不合矣。乃謂樗里子曰：攻皮氏，此王之首事也，而不能拔，天下且以此輕秦。且有此皮氏，于以攻韓、魏，利也。樗里子曰：吾以合魏矣，無所用之。』魏世家『秦來伐我皮氏，未拔而解』，是其事也。」董豐垣竹書紀年辨證說略同，則似以疾爲樗里子。愚按此文「公孫爰帥師」，明非樗里疾爲將，則「疾」不當指樗里子也。且上文無樗里疾名，此言疾，於文例亦不合。西風地名，亦未見他證。疑此文當讀「翟章救皮氏圍。句。疾西風。句。」疾西風是記天異，與上「大霖雨，疾風」文相類，可證。本與救皮氏事不相涉，魏史記異在同年遂併書於下，水經注引或誤及之。

十三年，城皮氏。水經汾水注。

〔十四年，〕秦内亂，殺其太后及公子雍、公子壯。史記穰侯傳索隱。【補】史記秦本紀：「昭王二年，庶長壯與大臣公子爲逆，皆誅，及惠文后皆不得良死。」秦昭王二年當魏哀王十四年，此繫年即據之。

〔十六年，〕秦拔我蒲坂、〔晉陽〕、封谷。史記魏世家：「哀王十六年，秦拔我蒲坂、陽晉、封陵。」索隱曰：「紀年作晉陽、封谷。」【補】今本紀年在隱王十二年，同。

十七年，邯鄲命吏大夫奴遷于九原，又命將軍、大夫、適子、戍吏皆貉服。水經河水注。

十九年，薛侯來，會王于釜邱。水經濟水注。

楚入雍氏，楚人敗。史記韓世家集解。

二十年。春秋經傳集解後序：「今王終二十年。」【補】魏世家索隱：「汲冢紀年終於哀王二十年。」今王即哀王。

附無年世可繫者【訂】朱本無此篇，爲王氏所增。

洛伯用與河伯馮夷鬭。水經洛水注。【訂】朱本此條在夏后芬時「后芬發即位」條後，今本紀年在夏帝芬十六年。【補】山海經海内北經：「維冰夷恒都焉。」郭注：「竹書作馮夷。」朱右曾云：「案古國有有洛氏（原注：見周書史記篇），有河宗氏（原注：見穆天子傳），然則用與馮夷，蓋二國之君，輕身鬥狠，故史官記之，非穀、洛鬭之比也。」

殷王子亥賓于有易而淫焉，有易之君緜臣殺而放之。是故殷主甲微假師于河伯以伐有易，滅之，遂殺其君緜臣。山海經大荒東經注。【訂】原本正文「故」上無「是」字，今據山海經注補。「主甲」朱本作「上甲」，是。路史引作「上甲」，今本紀年亦作「上甲」。上甲微見國語魯語、孔叢子論書篇引逸書。上甲、王亥并見於甲骨卜辭，詳王國維殷卜辭中所見先公先王考。朱本此條在夏后泄時。今本紀年在「夏帝泄十六年殷侯微伐有易」下附注。【補】路史國名紀己引，「放」作「施」，「主甲」作「上甲」，「遂殺其君緜臣」作「殺緜臣」。

河伯僕牛。山海經大荒東經注：「河伯、僕牛皆人姓名，見汲郡竹書。」【訂】原本注「汲郡竹書」作「紀年」，今據山海經注正。朱本正文作「王亥託于有易，河伯僕牛。」蓋從大荒東經本文，增「王亥託于有易」六字。朱本此條亦在夏后泄時，在上條之前。據大荒東經云：「王亥託于有易，河伯僕牛，有易殺王亥，取僕牛」，則與上甲微伐有易自相關。漢書古今人表「核、（即王亥）微次當夏后芬、芒（即后荒）、泄之間。王國維殷卜辭中所見先公先王考以僕牛即服牛，【補】徐文靖統箋四、陳逢衡集證十二皆以僕牛爲地名。論證極詳，今標點從之。

不窋之昺孫。爾雅釋親注。【補】朱本在夏后桀時「畎夷入居豳、岐之間」後，云：「昺孫者玄孫之孫，己之六世孫也。此云：『不窋之昺孫』，不知所指。意者其指公劉乎？周本紀所記代系，本不足信。周語：『祭公謀父曰：昔我先王世后稷，以服事虞、夏。』云世后稷，則非一世可知。不窋既非棄子，則公劉亦非棄之曾孫，可知。湯伐桀至紂十七世，世本公劉至文王十六世，世數略相當，故附著之。」

應。水經滍水注。漢書地理志注引臣瓚曰：「汲冢古文殷時已有應國。」【訂】朱本此條附在殷盤庚時「自盤庚徙殷，至紂之滅二百七十三年」條下，云：「今本紀年云：盤庚『七年，應侯來朝』，或是竹書本文，但未見古籍援引，未敢信也。」【補】路史國名紀己：「應，汲古文云，『商時國』。」輿地廣記汝州葉縣下：「汲冢古文商時已有應國。」【新訂補】史記梁孝王世家正義引汲冢古文云殷時已有應國。

留昆穆天子傳注：「留昆國見紀年。」【訂】朱本此條作「留昆氏來賓」，次在周穆王十七年尾。按今本紀年：穆王「十五年，春正月，留昆氏來賓」，朱本文蓋據之，但年次不同。當是從穆傳「留昆歸玉」在穆王見西王母後編次之。【補】路史國名紀己。

盟于大室。北堂書鈔二十一。【訂】原本注「二十一」，「一」誤作「二」，今正。朱本無此條。今本紀年有周幽王「十年春，王及諸侯盟于太室。」

執我行人。史通惑經篇。【訂】朱本無此條。【補】雷學淇義證三十二據春秋經「昭公二十三年，晉人執我行人叔孫婼」，補此文在晉頃公七年，作「執魯行人叔孫。」

楚共王會宋平公于湖陽。水經沘水注。【訂】朱本次在晉厲公元年後，云：「案楚共王立于晉景公九年，卒于晉悼公十四年。宋平公立于晉厲公五年。檢春秋是時宋皆從晉，惟魯成公六年，魯、衛兩以晉命侵宋，然是宋共公之世，非平公也。當闕疑。」又云：「今本繫之簡王十二年，當晉厲公七年，非是。」

宋大水，丹水壅不流。水經獲水注。【訂】朱本繫此事於晉定公三十五年「宋殺其大夫皇瑗于丹水之上」下。案獲水注原文云：「漢書地理志曰：『獲水首受甾獲渠。』亦兼丹水之稱也。竹書紀年曰：『宋殺其大夫皇瑗于丹水之上。』又曰：『宋大水，丹水壅不流』，蓋汳水之別名也。」則此文本不與「殺皇瑗」文相連，故云「又曰」。今本紀年合二事爲一條，又删「宋大水」三字，益誤。朱本編次即從之，疑未允。

子南彌牟。史記周本紀集解、水經汝水注、漢書武帝紀注皆引臣瓚曰：「汲冢古文謂衛將軍文子爲子南彌牟。」【訂】汝水注引不言臣瓚。朱本此條正文作「衛將軍文子爲子南彌牟，後有子南勁朝于魏。惠成王如衛，命子南爲侯。」繫在梁惠成王二十年後。【補】雷學淇義證三十二補此文在晉出公六年，云：「左傳謂是年『悼公立，南氏相之』，紀年即記此事也。文已殘闕，無可左證，故缺之。」

子南勁朝于魏，後惠成王如衛，命子南爲侯。史記周本紀集解、水經汝水注、漢書武帝紀注。【訂】原本正文「魏」誤作「衛」，今正。汝水注引無首「子南」二字，朱本與上條合併，同繫在惠王二十年，云：「未詳何年。」【補】此事今本紀年在周顯王十九年，當梁惠王二十一年。史記秦本紀云：「昭襄王八年，魏公子勁、韓公子長爲諸侯」，疑即此事。但秦昭襄王八年，當魏哀王八年，與紀年「惠成王」不合，史記殆誤，或爲別一事。

梁惠王廢逢忌之藪以賜民。左傳哀十四年疏。漢書地理志注引「廢」作「發」。【訂】原本注「十四年」，「四」誤作「一」，今正。朱本此條繫於梁惠王六年「徙都大梁」後，與今本紀年同。【補】路史國名紀甲注、輿地廣記東京開封縣下引，「廢」皆作「發」。太平御覽一百五十八引漢書地理志此注亦作「廢」。案古字「廢」與「發」，聲同相通。

齊師逐鄭太子齒奔張城、南鄭。水經洧水注。【訂】朱本此條繫晉文公五年後，云：「不詳何年。」【補】此事今本紀年在周襄王二十二年，當晉文公七年。陳逢衡竹書紀年集證三十九引鄭環說以爲即晉文公圍鄭，納公子蘭事，齊乃晉之訛，逐乃送之訛，齒乃蘭之訛，奔乃于之訛，南乃歸之訛。十二字文，竟改易五字之多。竹書傳寫，不至舛訛如此，其說不足信。雷學淇義證三十記此事在晉獻公二十四年，云：「齊師即伐鄭之師，太子齒即世子華也。華、齒形似故誤。左傳：『是年春，齊人伐鄭。夏，齊殺申侯以說于齊。秋，盟于寧母，鄭伯使太子華聽命于會。華謂齊侯若去洩氏、孔氏、子人氏，我以鄭爲內臣。齊侯將許之，管仲斥言子華之姦，使無列會，子華由是得罪于鄭。』蓋齊桓因管仲之言，惡華之爲人，逐之不使在會。華知其言已洩，難以復國，乃奔于晉之張城，又徙于秦之南鄭，卒且歸鄭而嬰戮也。」理雖近是，究屬猜測之詞，亦不可遽信。

秦師伐鄭，次于懷，城殷。水經沁水注、路史國名紀丁注。太平寰宇記懷州下引「秦師伐鄭，至于懷、殷。」【訂】原本注「國名紀丁」脱「注」字，今補。路史注引無「師」字。萬廷蘭刻本寰宇記「懷」下無「殷」字。

此事朱本從今本紀年繫在梁惠王十一年，云：「此未詳何年事。」【補】路史國名紀戊引「秦伐鄭，圍懷、殷」。

宋桓侯璧兵。　史記宋世家：「辟公辟兵。」索隱曰：「紀年作桓侯璧兵。」【訂】原本正文及注「桓侯璧兵」作「桓公辟兵」，今據索隱正。朱本作「宋桓侯璧兵立」。繫在魏武侯二十四年，云：「宋世家：『休公二十三年卒，子辟公辟兵立。』索隱曰：『紀年作桓侯璧兵。』據此補。又案休公十二年卒，史記云：『廿三年』，非也。」周年表即以是年爲宋桓侯元年。愚案桓侯元年，史記六國表在周烈王四年，當紀年魏武侯之二十五年。朱氏據紀年以悼公卒在魏武侯十一年（見前），謂宋世家休公二十三年卒爲誤。蓋宋世家悼公八年，紀年爲十八年，相差十年，朱氏以此十年減去休公在位年數，故謂史記爲誤。姑不論此種算法是否可據，即依此推算，休公當爲十三年，桓侯改元在明年，即魏武侯之二十五年，與史記桓公元年合。此云「休公十二年卒」，桓侯元年當魏武侯二十五年，不知何據？疑「十二年」是「十三年」之誤。

宋剔成肝廢其君璧而自立。　史記宋世家索隱。【訂】「璧」下當脫「兵」字，據上文可知，疑索隱有誤。　朱本此條繫在梁惠王十七年，云：「洪氏本在烈王六年，惠成王元年。然惠王十四年，宋桓侯朝梁，則洪氏誤也。今移於此，俟考。」【補】雷學淇義證三十七繫此事在梁惠王十五年，無說。其考訂竹書紀年同條下云：「史謂宋悼公八年卒，紀年謂十八年卒。史以烈王七年爲剔成元年，而紀年謂顯王十二年，桓侯尚朝于魏，是剔成之廢桓侯，當在惠王十四年後矣，故附此。」愚按宋諸君之年次，紀年多闕無考。若以紀年宋悼公十八年卒，在魏武侯十一年推之，次休公從宋世家二十三年卒，則當梁惠王之八年（與朱氏算法異）。桓侯在位年次，宋世家作三年，依此推算，當在梁惠王十一年，然紀年：「惠王十四年，宋桓侯來朝」，與之又不合，則桓侯年次殊難確知。朱氏繫此事在「朝魏」後三年，雷氏後一年，皆以意懸測，不足憑信，故王氏不取。

鲂子。太平寰宇記趙州高邑縣下：「史記云：『趙敬肅侯救燕，燕與中山公戰于房。惠文王四年，城之』，是也。竹書紀年作『鲂子』。」【訂】原本正文及注「鲂子」，作「紡子」；注「房」下有「子」字，今據萬刻本寰宇記正。朱本此條作「趙與中山公戰于訪子」，繫在魏武侯二十年。案趙世家：「趙敬侯九年齊伐燕，趙救燕。十年，與中山戰于房子。」是救燕與戰房子爲二事，寰宇記引史記疑誤。敬侯十年當周安王二十五年，紀年當魏武侯之二十年（見附表），朱氏繫年即據之。【補】路史國名紀己：「穆王里圃田之路，東至至房。郭云：『房子國，趙地，有巑山。』紀年作『鲂』即高邑之地。」據此，則紀年之「鲂子」不必僅爲趙與中山之戰地。【新訂補】御覽一六一引十道志「竹書紀年作『鲂子』」。

衛孝襄侯。史記衛康叔世家索隱：「樂資據紀年以嗣君即孝襄侯。」【訂】朱本此條作「衛平侯卒，子孝襄侯立。」從洪頤煊繫在惠王後十一年。案史記六國表衛嗣君元年，當周顯王四十五年，即紀年梁惠王後十一年，洪氏、朱氏皆據之。

魏殷臣趙公孫裒伐燕，還，取夏屋，城曲逆。水經滱水注。【訂】朱本此條次在梁惠王二十年後，云：「未詳何年。」【補】雷學淇義證三十八從今本紀年繫此事在梁惠王二十三年，云：「此顯王二十一年，趙肅侯二年也。趙世家曰：『肅侯二年，與魏惠王遇于陰晉。』自惠王二十年歸趙邯鄲，與之脩睦，故此年會于陰晉，與謀伐燕。必燕或侵軼中山，故魏約趙師共伐之也。」

燕人伐趙，圍濁鹿。趙武靈王及代人救濁鹿，敗燕師于勺梁。水經滱水注。【訂】朱本此條在梁惠王後十五年，云：「原文不引何年，今姑附此。」【補】今本紀年此事在周顯王十七年，當梁惠王十九年。按趙武靈王即位在梁惠王後十一年。此時爲趙成侯二十三年，何得云：「武靈王？」其誤灼然。雷學淇義證四十據趙世家「武靈王二十六年，攘地北至燕、代」語，繫於今王十九年，亦乏明證，疑難强定。

壬寅，孫何侵楚，入三户郛。水經丹水注。【訂】朱本此條在梁惠王二十年後，云：「未詳何年。」【補】今本紀年此事作周顯王「二十二年壬寅」，當魏惠王之二十四年。按顯王二十二年，以甲子推之，歲爲甲戌，與此不合，且此時尚無干支紀年法，今本紀年誤也。韓怡辨正四謂「壬寅日也，上無時月，簡有脱落」，當是。

孫何取灅陽。水經潁水注。【訂】朱本次在梁惠王二十四年後，云：「未詳何年事。」【補】今本紀年在周顯王二十三年，當梁惠王二十五年。

楚吾得帥師及秦伐鄭，取綸氏。水經伊水注、後漢書黄瓊傳注、路史後紀十三注。【訂】原本注「十三」下脱「注」字，今補。黄瓊傳注作「楚及秦伐鄭」。路史注「取」作「圍」，無「帥師」二字。朱本此條在今王十五年，云：「原文未引何年，雷氏本移此。」【補】太平寰宇記西京潁陽縣下引「楚及秦伐鄭，圍綸氏。」路史國名紀丁：「秦、楚、鄭圍綸氏。」注：「汲紀年三。」「鄭」上當奪「伐」字，「三」疑是「云」之誤。今本紀年此事在周顯王三十五年。附注云：「不知何年，附此。」雷學淇義證四十與下「翟章救鄭，次于南屈」，合爲一條，繫在今王十五年，云：「此楚懷王二十五年，秦昭王三年，鄭襄王八年也。楚世家曰：『懷王二十年，合齊而善韓，二十四年，倍齊而合秦。秦昭王初立，乃厚賂于楚，楚往迎婦。二十五年，懷王入與秦昭王盟，約于黄棘，秦復與楚上庸。』與紀年皆符。蓋此時秦、楚復合，故同往伐韓也。」

秦蘇胡帥師伐鄭，韓襄敗秦蘇胡于酸水。水經濟水注。【訂】朱本此條在梁惠王三十二年，云：「不知何年，附此。」「此未詳何年事。」【補】今本紀年在周顯王三十一年，當梁惠王三十三年。附注云：

翟章救鄭，次于南屈。水經河水注、漢書地理志注。【訂】朱本此條在今王十五年，云：「原文未引何年，今從雷氏本。」【補】太平寰宇記慈州下引古文。路史國名紀戊引汲古。此事今本紀年在周隱王（即赧王）七年，當今王十一年，附注云：「此年未的。」雷學淇義證四十與「秦、楚取綸氏」合爲一條，繫在今王十五年，說見上。

魏章帥師及鄭師伐楚，取上蔡。水經汝水注。【訂】朱本在梁惠王二十四年，云：「此未詳何年事。」【補】今本紀年此事在周顯王二十三年，當梁惠王二十五年。

齊師伐趙東鄙，圍中牟。水經渠水注、左傳定九年疏。【訂】朱本繫在梁惠王後三年，云：「諸書未引何年，洪氏補在顯王三十一年。陳氏云：『當是趙肅侯十八年事（原注：惠王後元三年）』，今從之。」案洪氏謂洪頤煊，陳氏謂陳逢衡。陳說見集證五十。【補】史記趙世家集解。雷學淇義證三十九亦以此爲趙肅侯十八年事，補於惠王後元四年（雷氏以惠王三十六年爲後元一年；朱氏以三十六年後一年爲後元一年，說見前，故趙肅侯十八年合算魏年，相差一年），與陳氏相同。【新訂補】齊策五蘇秦說齊閔王策：「昔者趙氏襲衛，……衛君跣行，告遡於魏。魏王身被甲底劍，挑趙索戰，邯鄲之中騖。……衛得是藉也，亦收餘甲而北面。殘剛平，墮中牟之郭。」考趙世家敬侯五年「齊魏爲衛攻趙取我剛平」，與策文參合。則此事當在敬侯五年。

魏救山，塞集胥口。史記蘇秦傳集解。【訂】原本正文無「魏」字，今據集解補。朱本作「救中山，塞集胥口」，繫在今王十七年，云：「未詳何年事。趙世家武靈王二十、二十一、二十三年俱攻中山，當魏襄王之十三、十四、十六年也。」【補】蘇秦傳索隱：「（宿胥）紀年作胥。」戰國策燕策鮑彪注引作「魏救中山，塞集胥口。」吳師道校本引集解「救山」作「敖山」。案史記各本皆作「救山」，疑吳師道引誤。此事繫年，各説紛紜，趙紹祖附在周隱王元年，當今王五年；洪頤煊補在周顯王三十一年，當梁惠王三十三年；雷學淇補在梁惠王十二年。皆無的證，不可強定。

【補】陰司馬敗燕公子翌于武垣。元豐九域志。案此條今所見聚珍版叢書本、馮集梧校刻本九域志皆無之，故王氏不録。但孫之騄、洪頤煊、郝懿行、陳逢衡、雷學淇、朱右曾等皆引之，當有所據。攷四庫提要史部地理類存目有新定九域志十卷，云：「與宋王存等所撰元豐九域志文並相同，惟府、州、軍、監、縣下多出古蹟一門。」疑即此書。其書罕見，姑存録待證。朱本繫在晉幽公七年，云：「此未詳何年事。」孫之騄考定附在周考王陟後，洪頤煊、郝懿行補在周顯王三十一年，雷學淇義證疑在「梁惠王二十三年，魏、趙伐燕」下，皆無確證。

【補】獲君曰止，誅臣曰刺，殺其大夫曰殺。史通惑經篇。案此乃劉知幾隱括本書之語，非原文。

【補】王恢。蕭繹古今同姓名録上：「王恢，魏思王時人，紀年。」案思乃「惠」之誤。

【補】王莽。蕭繹古今同姓名録上：「王莽，魏惠王時人，紀年。」

【補】杰龐元英文昌襍録六：「梁四公子，一人姓㲉名杰，昭明太子曰：『杰出竹書紀年』。」

【補】宋景公緣。廣川書跋三：「竹書有宋景公緣。」

附録

朱右曾輯本原有爲王國維所删各條

堯有聖德，封于唐，夢攀天而上。鴻書。【補】在「帝堯元年丙子」條後。舜耕于歷，夢眉長與髮等，遂登庸。鴻書【補】在「后稷放帝朱於丹水」條後。

夏禹未遇，夢乘舟月中過，而後受虞室之禪。鴻書【補】在「黄帝至禹爲三十世」條後。

伊尹年百有五歲。楊升庵外集。【補】在「伊尹即位」云云條後。

〔平公六年〕有五黑氣如日。太平御覽八百七十七引史記在靈王二十年。【補】在晉平公下。

【補】案上引第一、二兩條見於今本紀年附注。第三條，今本紀年帝禹夏后下附注：「禹夢自洗於河，取水飲之」，又殷商成湯下附注：「伊摯將應湯命，夢乘船過日月之旁」，此誤爲一事，又皆誤以附注爲正文。第四條當本皇甫謐帝王世紀：「伊尹年百歲卒。」史記殷本紀正義引。考鴻書爲劉仲達撰，與楊慎（即升庵）俱是明代人，皆未見古本紀年，所引誤舛倒亂，辨如前，自不足憑。朱氏既以古紀年亡于宋，見汲冢紀年存真序。及掇拾明人援引，未免自亂其例，故王氏删之，甚是。第五條不見於今史記，但是否爲紀年文，無從揣知。核以周靈王紀元，與紀年例亦不合，似非。

王國維校補本原序

汲冢竹書紀年佚於兩宋之際。今本二卷乃後人蒐輯，復雜采史記、通鑑外紀、路史諸書成之，非汲冢原書。然以世無別本，故三百年來，學人治之甚勤，而臨海洪氏頤煊、棲霞郝氏懿行、閩縣林氏春溥三校本尤爲雅馴。最後嘉定朱氏右曾復專輯古書所引竹書，爲汲冢紀年存真二卷。顧其書傳世頗希，余前在上虞羅氏大雲書庫假讀之，獨犂然有當於心。丁巳二月，余既作殷先公先王考畢，思治此書，乃取今本紀年一一條其出處，注於書眉。既又假得朱氏輯本，病其尚未詳備，又諸書異同，亦未盡列，至其去取，亦不能無失。乃以朱書爲本，而以余所校注者補正之，改正若干事。至考證所得，當別爲札記。又今本之僞，當別爲疏證以明之，將繼是而寫定焉。閏二月望，海寧王國維。

朱右曾本原序

秦政燔書，三代事跡泯焉。越五百歲，古文紀年出於汲縣冢中，而三代事蹟復約略可觀。學者錮於所習，以與太史公書及漢世經師傳説乖牾，遂不復掔尋，徒資異論。越六百餘歲而是書復亡。亡于北宋，説詳後。不知何年何人，捃拾殘文，依附史記，規倣紫陽綱目，爲今本之紀年。鼠璞溷淆，真贋錯雜，不有別白，安知真古文之可信，與今本之非是哉！最其大凡，今本之可疑者十有二，真古文之可信者十有六，請揚榷陳之。晉書束晳傳言：「紀年十三篇。」隋書經籍志：「紀年十二卷。」新、舊唐書藝文志並云：「紀年十四卷。」今本祇四卷。篇目可疑，一也。束晳傳言：「紀年紀夏以來至周幽王爲犬戎所滅，以晉事接之，三家分，仍述魏事。」杜預亦云：「特記晉國，起自殤叔，以至曲沃莊伯。莊伯之十一年十一月，魯隱公之元年正月也。」今本自黄帝元年至隱王十六年，大半依據史記年表。體例可疑，二也。古文全用夏正，杜預之言可據。今本「平王五十一年春三月己巳，日有食之」，「桓王二十三年三月乙未，王陟」，全襲春秋。可疑三也。史記正義引紀年云：「自盤庚遷殷，至紂之滅，二百七十三年，更不徙都。」今本則云：「武乙三年，自殷遷于河北。十五年，自河北遷于沫。」不知盤庚之徙，已居河北。妄襲史記，又杜撰遷沫之文，可疑四也。史記集解引紀年云：「夏用歲四百七十一年。」今本附注云：「起壬子，終壬戌。」若然，則四百三十一年矣。可疑五也。自來簡册，俱不詳周公薨于何年。今本於成王二十一年，書「周文公薨于豐」，而前此成王十三年，書「夏六月，魯大禘于周公廟。」豈有周公尚存，而魯已立廟乎？可疑六也。書序云：「周公既没，命君陳分正東郊。」今本「成王十年，周文公出居于豐。十一年，王命周平公治東都」，顯非事實。可疑七也。宋龍氏、陳氏書目皆無此書，而宋志有「竹書三卷」，是亡而復輯之證，可疑八也。凡史記注所引「田侯剡立」，「齊桓公殺其君母」，「梁惠成王會齊威王于平阿」，「齊宣王八年，殺其王后」，「秦惠王薨」，「秦内亂，殺其大后及公子雍、公子壯」。水經注所引「鄭築長城，自亥谷以南」，「鄭師敗邯鄲師于平陽」。諸如此類，確是紀年古文，而今本俱軼，可疑九也。紀年本不講書法，故王季、文王亦加王號，魯隱、邾莊皆舉謚法。今本改王季爲周公季歷，改文王爲西伯，改許文公爲許男，改平王爲宜臼，可疑十也。水經注引「晉烈公三年，楚人伐我南鄙」，「晉烈公十二年，王命韓景子、趙烈子及我師伐齊。」我者，晉也。「梁惠成王元年，趙成侯偃、韓偃侯若伐我葵；二年，齊田壽帥師伐我，圍觀。」我者，魏也。今本用周王紀年，則我皆爲周，文義俱失，可疑十一也。梁書沈約傳不言注竹書紀年，隋、唐志亦無紀年沈約注。今本採取宋書符瑞志而託爲休文之注，可疑十二也。前後四條，洪頤煊説同。

至于真古文之可信，又可得而言焉。黄帝至禹爲世三十，則知譜牒所紀，闕漏甚多，而舜妻祖姑，契、稷爲堯親弟，舉可旁通，一撤其障，一也。禹都陽城，足證孟子「避舜之子」，二也。大康、羿、桀俱居斟鄩，即雒汭之鄩口，去雒邑不遠，足證周書度邑「因有夏之居」，三也。鳴條在陳留，湯伐桀，桀自斟鄩東出禦敵，故戰于鳴條，足證書序，四也。商世五遷，囂、相、耿、庇、奄，前不數亳，後不連殷，故云：「不常厥邑，于今五邦」，五也。周武王十一年，伐殷禽受，故尚書泰誓序言「惟十有一年」，足破僞古文「十有三年」之謬，六也。武王陟年五十四，與周書度邑言：「自發之未生至于今六十年」者合。上距克殷祇閲六歲，故中庸云：「武王末，受命」，足闢漢儒「文王十五生武王，武王八十二生成王」之謬説，七也。共伯干王位，故左傳云：「諸侯釋位，以間王政。」若周、召攝政，不得云諸侯，八也。攜王爲王子余臣，以其庶孽，故云奸命。若伯服，則幽王既立爲太子，不得言奸命，九也。莊子言：「越人三弑其君」，「田成子十二世而有齊國。」稽之史記，殊形參錯；證之真古文，若合符節，十也。梁惠王改元稱王，故孟子至梁，稱之曰「王」，十一也。惠王六年，徙都大梁，故十八年桂陵之戰，田忌欲直走大梁，十二也。惠王後元十一年，楚敗我襄陵，故惠王告孟子曰：「南辱於楚」，如史記則惠王初無南辱之事，十三也。齊威王三十六年薨，當梁惠王後元十五年，而後齊宣王立。孟子之書，先梁後齊，本爲實録，史記之誤，不辨自明，十四也。燕子之之亂在齊宣王七年，足證史記、荀子以伐齊爲湣王，及通鑑增年之謬，十五也。孟子言：「由周以來七百有餘歲」，依三統厤則孟子去齊之歲，上距克殷之年已八百餘載矣。若依真古文推校確是七百有餘，十六也。禆經益史，彰彰若此。惜乎，全書之亡軼，而怪向來學者之是丹非素，習焉不察也！僕少讀孟子，致疑于伐燕之事。及觀通鑑增年求合，又病其鑿空。乃取史記索隱所引紀年之文，排比類次，而後涣然冰釋，曰：「此非孟子之誤，乃史遷之誤，而唐、宋以來儒者讀書之鹵莽也。」于是廣捜故册，掇拾叢殘，録爲一帙，注其所出，攷其異同，附以蕪説。名之曰「汲冢紀年存真」。志古之君子，或亦有取乎是，而教其所不逮乎？嘉定朱右曾。

朱右曾本凡例

一　古文紀年散見于古籍所引，皆可信據。標明所出，以便校訂。若彼此共引一事，而文或不同，則注明所異，以待參考。

一　古籍所引或係撮其大意，如重耳出奔，惠公見獲，未知原文何若，則仍録所引之語，不敢點竄。若其文可知者，則用其書之例書之，而以所引之語分注其下，如「秦敬公卒，次惠公立」之類，是也。

一　古文以晉、魏紀年，則列國之年，不應並見。索隱引「齊宣公十五年田莊子卒」。「宣公十五年」五字，係索隱參考而得。今以此五字，分注于齊字之下，庶不乖原書體例。

一　據杜預左傳後序「晉年起自殤叔」，又據史記集解「自武王滅殷以至幽王」云云，知古文紀年自宣王以上別爲一篇。故今定殤叔三年以後，皆明著晉年，而以墨圈別之；其各籍所引，本有其年者，則無墨圈。

戰國年表

年表説明

（一）本表的編製是爲便利讀輯本紀年者之用，所據材料，悉依紀年本文。

（二）輯本紀年在戰國之前，文多闕略，無從聯綴。若依據他書補充，則喧賓侵主，與紀年本文渺不相干，變成蛇足，朱右曾的周年表即感有此憾。并且，春秋有經、傳可稽；三代事蹟闊略，即紀年亦出追書，雖保存很多珍貴材料，尚不能視爲信史。吕祖謙大事記説：「竹書蓋魏國當時之史書，載前世治亂，雖多訛謬，至於書戰國事，必可信。」這話大致是準確的。本表斷自晉出公七年至今王二十年止，即由於此。此時期内，事蹟最錯繁，聚説最紛紜，新本補本與朱、王二氏輯校舊本所定的年次，頗有出入。今於本書正文逐條訂釋外，復附此表，以便檢查。

（三）紀年原書是從出土零亂的竹簡中整理而成的。它的原文雖不見，可以推知多有缺奪。孔穎達春秋經傳集解後序正義説：「今復闕落，又轉寫易誤。」可證唐初所見本缺訛已多。況舊本久佚，今日掇拾所得的，片鱗半爪，要把它聯綴成表，更有不够全面之感。這些缺陷，只有依據史記六國表和其他推論來加以彌補。不過，須得聲明，這僅僅限於國君世次和年數的補充，至於事蹟本文，不敢增益，以免淆亂。

爲了使材料易於區别起見，本表採用下列方式：

甲、表内年數及文字是依據紀年本文的；

乙、有括弧〔〕符號者，是依據六國表的；

丙、有括弧（）符號者，是依據其他推論而定的。

（四）紀年本文魏或稱梁，韓稱鄭，趙稱邯鄲，越稱於粤； 又魏惠王亦稱梁惠成王，韓懿侯亦稱韓共侯。 諸如此類，本表皆改從一稱，以免前後相淆。

公元前	周	晉	魏	韓	趙	齊	田齊	燕	越	秦	楚
四六八	〔貞定王〕〔一〕	出公 七				〔平公〕〔十三〕		孝公 〔三十〕	勾踐 〔二十九〕	〔厲共公〕〔九〕	〔惠王〕〔二十一〕
四六七	〔二〕	八				〔十四〕		〔三十一〕	〔三十〕	〔十〕	〔二十二〕
四六六	〔三〕	九				〔十五〕		〔三十二〕	〔三十一〕	〔十一〕	〔二十三〕
四六五	〔四〕	十				〔十六〕		〔三十三〕	〔三十二〕	〔十二〕	〔二十四〕
									勾踐卒 〔二〕衛悼公卒于越		
四六四	〔五〕	十一				〔十七〕		〔三十四〕	鹿郢 一	〔十三〕	〔二十五〕
四六三	〔六〕	十二				〔十八〕		〔三十五〕	二	〔十四〕	〔二十六〕
四六二	〔七〕	十三				〔十九〕		〔三十六〕	三	〔十五〕	〔二十七〕
		智伯瑶城高梁									
四六一	〔八〕	十四				〔二十〕		〔三十七〕	四	〔十六〕	〔二十八〕
四六〇	〔九〕	十五				〔二十一〕		〔三十八〕	五	〔十七〕	〔二十九〕

（續表）

公元前	周	晉	魏	韓	趙	齊	田齊	燕	越	秦	楚
四五九	〔十〕〔貞定王〕	十六 出公				〔二十二〕〔平公〕		〔三十九〕孝公	鹿郢卒 六 鹿郢	〔十八〕〔厲共公〕	〔三十〕〔惠王〕
四五八	〔十一〕	十七				〔二十三〕		〔四十〕	一 不壽	〔十九〕	〔三十一〕
四五七	〔十二〕	十八				〔二十四〕		〔四十一〕	二	〔二十〕	〔三十二〕
四五六	〔十三〕	十九				〔二十五〕		〔四十二〕	三	〔二十一〕	〔三十三〕
		韓龐取盧氏城荀瑤伐中山									
四五五	〔十四〕	二十				一 宣公		〔四十三〕孝公卒〔二〕	四	〔二十二〕	〔三十四〕
四五四	〔十五〕	二十一				二		一 成公	五	〔二十三〕	〔三十五〕
四五三	〔十六〕	二十二				三		二	六	〔二十四〕	〔三十六〕
		三晉滅智伯盡并其地									

（續表）

公元前	周	晉	魏	韓	趙	齊	田齊	燕	越	秦	楚
四五二	〔貞定王〕〔十七〕	出公二十三 奔楚				宣公 四		成公 三	不壽 七	〔厲共公〕〔二十五〕	〔惠王〕〔三十七〕
四五一	〔十八〕	敬公 一				五		四	八	〔二十六〕	〔三十八〕
四五〇	〔十九〕	二				六		五	九	〔二十七〕	〔三十九〕
四四九	〔二十〕	三				七		六	十 見殺	〔二十八〕	〔四十〕
四四八	〔二十一〕	四				八		七	朱勾 一	〔二十九〕	〔四十一〕
四四七	〔二十二〕	五				九		八	二	〔三十〕	〔四十二〕
四四六	〔二十三〕	六	文侯 一〔三〕			十		九	三	〔三十一〕	〔四十三〕
四四五	〔二十四〕	七	二			十一		十	四	〔三十二〕	〔四十四〕
四四四	〔二十五〕	八	三			十二		十一	五	〔三十三〕	〔四十五〕
四四三	〔二十六〕	九	四			十三		十二	六	〔三十四〕	〔四十六〕

公元前	周	晉	魏	韓	趙	齊	田齊	燕	越	秦	楚
四四二	〔二十七〕〔貞定王〕	十 敬公	五 文侯			十四 宣公		十三 成公	七 朱勾	〔一〕〔躁公〕	〔四十七〕〔惠王〕
四四一	〔二十八〕	十一	六			十五		十四	八	〔二〕	〔四十八〕
四四〇	〔一〕〔考王〕	十二	七			十六		十五〔四〕	九	〔三〕	〔四十九〕
四三九	〔二〕	十三	八			十七		一 文公	十	〔四〕	〔五十〕
四三八	〔三〕	十四	九			十八		二	十一	〔五〕	〔五十一〕
四三七	〔四〕	十五	十			十九		三	十二	〔六〕	〔五十二〕
四三六	〔五〕	十六	十一			二十		四	十三	〔七〕	〔五十三〕
四三五	〔六〕	十七	十二			二十一		五	十四	〔八〕	〔五十四〕
四三四	〔七〕	十八〔五〕	十三			二十二		六	十五	〔九〕	〔五十五〕
四三三	〔八〕	一 幽公	十四			二十三		七	十六	〔十〕	〔五十六〕
四三二	〔九〕	二	十五			二十四		八	十七	〔十一〕	〔五十七〕

（續表）

（續表）

公元前	周	晉	魏	韓	趙	齊	田齊	燕	越	秦	楚
四三一	〔十〕〔考王〕	三 幽公	十六 文侯			二十五 宣公		九 文公	十八 朱勾	〔十二〕〔躁公〕	〔一〕〔簡王〕
四三〇	〔十一〕	四	十七			二十六		十	十九	〔十三〕	〔二〕
四二九	〔十二〕	五	十八			二十七		十一	二十	〔十四〕	〔三〕
四二八	〔十三〕	六	十九			二十八		十二	二十一	〔一〕〔懷公〕	〔四〕
四二七	〔十四〕	七	二十			二十九		十三	二十二	〔二〕	〔五〕
四二六	〔十五〕	八	二十一			三十		十四	二十三	〔三〕	〔六〕
四二五	〔一〕〔威烈王〕	九	二十二			三十一		十五	二十四	〔四〕	〔七〕
四二四	〔二〕	十	二十三			三十二		十六	二十五	一 靈公	〔八〕
四二三	〔三〕	十一	二十四			三十三		十七	二十六	二	〔九〕
四二二	〔四〕	十二	二十五			三十四		十八	二十七	三	〔十〕
四二一	〔五〕	十三	二十六			三十五		十九	二十八	四	〔十一〕
		魯季孫會晉幽公于楚丘									

公元前	周	晉	魏	韓	趙	齊	田齊	燕	越	秦	楚
四二〇	〔六〕〔威烈王〕	十四 幽公	二十七 文侯			三十六 宣公		二十 文公	二十九 朱勾	五 靈公	〔十二〕〔簡王〕
四一九	〔七〕	十五	二十八			三十七		二十一	三十	六	〔十三〕
四一八	〔八〕	十六	二十九			三十八		二十二	三十一	七	〔十四〕
四一七	〔九〕	十七	三十			三十九		二十三	三十二	八	〔十五〕
四一六	〔十〕	十八	三十一			四十		二十四 文公卒	三十三	九	〔十六〕
		夫人秦嬴賊公高寝									
四一五	〔十一〕	一 烈公	三十二			四十一		一 簡公	三十四 滅滕	十 靈公卒	〔十七〕
		趙獻子城泫氏韓武子都平陽									
四一四	〔十二〕	二	三十三			四十二		二	三十五 滅郯	一 簡公	〔十八〕

（續表）

（續表）

公元前	周	晉	魏	韓	趙	齊	田齊	燕	越	秦	楚
四一三	〔威烈王〕〔十三〕	烈公 三	文侯 三十四			宣公 四十三		簡公 三	朱勾 三十六	簡公 二	〔簡王〕〔十九〕
		楚伐我南鄙									
四一二	〔十四〕	四 趙城平邑	三十五			四十四		四	三十七 朱勾卒	三	〔二十〕
四一一	〔十五〕	五	三十六			四十五		五	王翳 一	四	〔二十一〕
四一〇	〔十六〕	六	三十七			四十六		六	二	五	〔二十二〕
四〇九	〔十七〕	七	三十八	〔景侯〕〔一〕	烈侯 一	四十七		七	三	六	〔二十三〕
四〇八	〔十八〕	八	三十九	〔二〕	二	四十八		八	四	七	〔二十四〕
四〇七	〔十九〕	九	四十	〔三〕	三	四十九		九	五	八	〔聲王〕〔一〕
四〇六	〔二十〕	十	四十一	〔四〕	四	五十		十	六	九 簡公卒	〔二〕

（續表）

公元前	周	晉	魏	韓	趙	齊	田齊	燕	越	秦	楚
四〇五	〔威烈王〕〔二十一〕	烈公 十一	文侯 四十二	〔景侯〕〔五〕	烈侯 五	宣公 五十一 宣公卒	田悼子卒〔六〕田布殺公孫孫公孫會以廩邱叛于趙	簡公 十一	王翳 七	敬公 一	〔聲王〕〔三〕
四〇四	〔二十二〕	十二	四十三	〔六〕	六	康公 一	田和立 一	十二	八	二	〔四〕
			王命伐齊入長城	王命伐齊入長城	王命伐齊入長城						
四〇三	〔二十三〕	十三	四十四	〔七〕	七	二	二	十三	九	三	〔五〕
			命邑爲諸侯	命邑爲諸侯	命邑爲諸侯						
四〇二	〔二十四〕	十四	四十五	〔八〕	八	三	三	十四	十	四	〔六〕
四〇一	〔安王〕〔一〕	十五	四十六	〔九〕	九	四	四	十五	十一	五	〔悼王〕〔一〕

（續表）

公元前	周	晉	魏	韓	趙	齊	田齊	燕	越	秦	楚
四〇〇	〔安王〕〔二〕	烈公 十六	文侯 四十七	列侯 （二）	〔烈侯〕 十	康公 五	田和 五 田午生	簡公 十六	王翳 十二	敬公 六	〔悼王〕〔二〕
三九九	〔三〕	十七	四十八	（三）	十一	六	六	十七	十三	七	〔三〕
三九八	〔四〕	十八	四十九	（三）	十二	七	七	十八	十四	八	〔四〕
三九七	〔五〕	十九	五十 文侯卒	（四）	十三	八	八	十九	十五	九	〔五〕
三九六	〔六〕	二十	武侯 一	（五）	十四	九	九	二十	十六	十	〔六〕
三九五	〔七〕	二十一	二	（六）	（十五）	十	十	二十一	十七	十一	〔七〕
三九四	〔八〕	二十二	三	（七）	（十六）	十一	十一	二十二	十八	十二 敬公卒	〔八〕
三九三	〔九〕	二十三	四	（八）	（十七）	十二	十二	二十三	十九	惠公 （一）	〔九〕
三九二	〔十〕	二十四	五	（九）	（十八）	十三	十三	二十四	二十	（二）	〔十〕
三九一	〔十一〕	二十五	六	（十）	（十九）	十四	十四	二十五	二十一	（三）	〔十一〕
三九〇	〔十二〕	二十六[五]	七	（十一）	（二十）	十五	十五	二十六	二十二	（四）	〔十二〕

（續表）

公元前	周	晉	魏	韓	趙	齊	田齊	燕	越	秦	楚
三八九	〔安王〕〔十三〕	桓公 一	武侯 八	列侯 （十二）	〔烈侯〕（二十一）	康公 十六	田和 十六	簡公 二十七	王翳 二十三	惠公 （五）	〔悼王〕〔十三〕
三八八	〔十四〕	二	九	（十三）	（二十二）	十七	十七	二十八	二十四	（六）	〔十四〕
三八七	〔十五〕	三	十	（十四）	（二十三）［七］	十八	十八	二十九	二十五	（七）［八］	〔十五〕
三八六	〔十六〕	四	十一 城洛陽安邑王垣	（十五）	〔敬侯〕〔一〕	十九	十九	三十	二十六	〔出公〕〔一〕	〔十六〕
三八五	〔十七〕	五	十二	（十六）	〔二〕	二十	二十［六］	三十一	二十七	〔二〕	〔十七〕
三八四	〔十八〕	六	十三	（十七）	〔三〕	二十一	田侯剡立 一	三十二	二十八	〔獻公〕〔一〕	〔十八〕
三八三	〔十九〕	七	十四	（十八）	〔四〕	二十二	二	三十三	二十九	〔二〕	〔十九〕
三八二	〔二十〕	八	十五	（十九）	〔五〕	二十三	三	三十四	三十	〔三〕	〔二十〕
三八一	〔二十一〕	九	十六	（二十）	〔六〕	二十四	四	三十五	三十一	〔四〕	〔二十一〕
三八〇	〔二十二〕	十	十七	（二十一）	〔七〕	二十五	五	三十六	三十二	〔五〕	〔肅王〕〔一〕

（續表）

公元前	周	晉	魏	韓	趙	齊	田齊	燕	越	秦	楚
三七九	〔安王〕〔二十三〕	桓公十一	武侯十八	列侯（二十二）	〔敬侯〕〔八〕	康公二十六	田侯六	簡公三十七	王翳三十三遷于吴	〔獻公〕〔六〕	〔肅王〕〔二〕
三七八	〔二十四〕	十二	十九	（二十三）[九]	〔九〕		七	三十八	三十四	〔七〕	〔三〕
三七七	〔二十五〕	十三	二十	哀侯（一）	〔十〕		八	三十九	三十五	〔八〕	〔四〕
三七六	〔二十六〕	十四	二十一	（二）	〔十一〕		九	四十	三十六	〔九〕	〔五〕
				滅鄭哀侯入于鄭					諸咎殺其君越殺諸咎立孚錯枝		
三七五	〔烈王〕〔一〕	十五	二十二	（三）	〔十二〕敬侯卒		十	四十一	孚錯枝一	〔十〕	〔六〕
		邑韓哀侯于鄭		山堅賊其君[九]			田午殺其君自立爲桓公一		寺區定亂立無余之[十]		
三七四	〔二〕	十六	二十三	懿侯一	成侯一		二	四十二	無余之一	〔十一〕	〔七〕

（續表）

公元前	周	晉	魏	韓	趙	齊	田齊	燕	越	秦	楚
三七三	〔烈王〕〔三〕	桓公十七	武侯二十四	懿侯二	成侯二		桓公三	簡公四十三	無余之二	〔獻公〕〔十二〕	〔肅王〕〔八〕
三七二	〔四〕	十八	二十五	三	三		四	四十四	三	〔十三〕	〔九〕
三七一	〔五〕	十九	二十六 武侯卒	四	四		五	四十五 簡公卒	四	〔十四〕	〔十〕
三七〇	〔六〕	二十	惠成王 一	五	五		六	〔桓公〕〔一〕	五	〔十五〕	〔十一〕
		韓趙遷公于屯留	趙韓伐我我伐趙敗之平陽								
三六九	〔七〕		二	六	六		七	〔二〕	六	〔十六〕	〔宣王〕〔一〕
			齊伐我降觀王錯奔韓								
三六八	〔顯王〕〔一〕		三	七 城邢邱	七		八	〔三〕	七	〔十七〕	〔二〕
三六七	〔二〕		四	〔八〕	八		九	〔四〕	八	〔十八〕	〔三〕

（續表）

公元前	周	晉	魏	韓	趙	齊	田齊	燕	越	秦	楚
三六六	〔顯王〕〔三〕		惠成王五	懿侯〔九〕	成侯九		〔桓公〕十	桓公〔五〕	無余之九	〔獻公〕〔十九〕	〔宣王〕〔四〕
			伐韓敗逋								
三六五	〔四〕		六	〔十〕	十		十一	〔六〕	十	〔二十〕	〔五〕
			四月甲寅徙都于大梁				殺其君母				
三六四	〔五〕		七	〔十一〕	十一		十二	〔七〕	十一	〔二十一〕	〔六〕
			公子緩如趙以作難〔二〕								
三六三	〔六〕		八	〔十二〕	十二		十三	〔八〕	十二	〔二十二〕	〔七〕
			伐趙取利人與肥						寺區弟思殺其君		
三六二	〔七〕		九	釐侯（一）	十三		十四	〔九〕	無顓一	〔二十三〕	〔八〕

(續表)

公元前	周	晉	魏	韓	趙	齊	田齊	燕	越	秦	楚
三六一	〔顯王〕〔八〕		惠成王十	釐侯〔二〕	成侯十四		桓公十五	〔桓公〕〔十〕	無顓二	〔孝公〕〔一〕	〔宣王〕〔九〕
			與趙榆次陽邑會韓釐侯于巫沙								
三六〇	〔九〕		十一	〔三〕	十五		十六	〔十一〕	三	〔二〕	〔十〕
			入河水于甫田瑕陽人來歸								
三五九	〔十〕		十二	〔四〕	十六		十七	成侯〔一〕〔三〕	四	〔三〕	〔十一〕
	東周惠公傑卒		韓來致地我與韓鹿								
三五八	〔十一〕		十三	〔五〕	十七		十八	〔二〕	五	〔四〕	〔十二〕
			築長城于西邊	取屯留尚子涅							楚師出河水以水長垣之外

（續表）

公元前	周	晉	魏	韓	趙	齊	田齊	燕	越	秦	楚
三五七	〔顯王〕〔十二〕		惠成王十四	釐侯〔六〕	成侯十八		桓公十九	成侯〔三〕	無顓六	〔孝公〕〔五〕	〔宣王〕〔十三〕
			及韓釐侯盟于巫沙歸釐于韓								
三五六	〔十三〕		十五	〔七〕	十九		威王一	〔四〕	七	〔六〕	〔十四〕
			魯宋衛韓君來朝								
三五五	〔十四〕		十六	〔八〕	〔二十〕		二	〔五〕	八	〔七〕	〔十五〕
			魯侯來朝築陽池以備秦	築長城自亥谷以南	會燕成侯于安邑						
三五四	〔十五〕		十七	〔九〕	〔二十一〕		三	〔六〕	一	〔八〕	〔十六〕
					伐衛取漆富邱		及燕戰于泃水師遁		無顓卒	伐轉不克城上枳安陵山氏	

（續表）

公元前	周	晉	魏	韓	趙	齊	田齊	燕	越	秦	楚
	東周與韓高都利		齊敗我于桂陽韓釐侯來朝				宋衛會我師圍魏襄陵				
三五三	〔十六〕〔顯王〕		十八 惠成王	（十） 釐侯	〔二十二〕 成侯		四 威王	（七） 成侯	二	〔九〕〔孝公〕	〔十七〕〔宣王〕
			以韓師敗諸侯師于襄陵會齊宋之圍		敗魏桂陵		使楚景舍與魏求成				
三五二	〔十七〕		十九	（十一）	〔二十三〕		五	（八）	三	〔十〕	〔十八〕
三五一	〔十八〕		二十	（十二）	〔二十四〕		六	（九）	四	〔十一〕	〔十九〕
							築防以爲長城				
三五〇	〔十九〕		二十一	（十三）	〔二十五〕		七	（十）	五	〔十二〕	〔二十〕
三四九	〔二十〕		二十二	（十四）	〔一〕〔肅侯〕		八	（十一）	六	〔十三〕	〔二十一〕
三四八	〔二十一〕		二十三	（十五）	〔二〕		九	（十二）	七	〔十四〕	〔二十二〕

（續表）

公元前	周	晉	魏	韓	趙	齊	田齊	燕	越	秦	楚
三四七	〔顯王〕〔二十二〕		惠成王 二十四	鼇侯 〔十六〕	〔肅侯〕〔三〕		威王 十	成侯 〔十三〕	八	〔孝公〕〔十五〕	〔宣王〕〔二十三〕
三四六	〔二十三〕		二十五	〔十七〕	〔四〕		十一	〔十四〕	九	〔十六〕	〔二十四〕
三四五	〔二十四〕		二十六 敗韓馬陵	〔十八〕	〔五〕		十二	〔十五〕	十	〔十七〕	〔二十五〕 伐徐州
三四四	〔二十五〕		二十七	〔十九〕	〔六〕		十三	〔十六〕		〔十八〕	〔二十六〕
三四三	〔二十六〕		二十八	〔二十〕	〔七〕		十四	〔十七〕		〔十九〕	〔二十七〕
			齊敗我馬陵	與魏戰于梁赫敗逋							
三四二	〔二十七〕		二十九	〔二十一〕	〔八〕		十五	〔十八〕		〔二十〕	〔二十八〕
			王攻秦衛鞅敗績		十月伐魏北鄙		五月及宋伐魏東鄙			九月伐魏西鄙	
三四一	〔二十八〕		三十	〔二十二〕	〔九〕		十六	〔十九〕		〔二十一〕	〔二十九〕
			城濟陽							封衛鞅于鄔	
三四〇	〔二十九〕		三十一	〔二十三〕	〔十〕		十七	〔二十〕		〔二十二〕	〔三十〕

（續表）

公元前	周	晉	魏	韓	趙	齊	田齊	燕	越	秦	楚
			爲大溝行圃田之水				邳遷于薛				
三三九	〔顯王〕〔三十〕		惠成王三十二	釐侯（二十四）	〔肅侯〕〔十一〕		威王十八	成侯（二十一）		〔孝公〕〔二十三〕	〔威王〕〔一〕
			與秦戰岸門								
三三八	〔三十一〕		三十三	（二十五）	〔十二〕		十九	（二十二）		〔二十四〕	〔二〕
三三七	〔三十二〕		三十四	（二十六）	〔十三〕		二十	（二十三）		〔惠王〕〔一〕	〔三〕
三三六	〔三十三〕		三十五	（二十七）	〔十四〕		二十一	（二十四）		〔二〕	〔四〕
三三五	〔三十四〕		三十六	（二十八）	〔十五〕		二十二	（二十五）		〔三〕	〔五〕
			改元稱一年[三] 一								
三三四	〔三十五〕		二	（二十九）	〔十六〕		二十三	（二十六）		〔四〕	〔六〕
三三三	〔三十六〕		三	（三十）[四]	〔十七〕		二十四	（二十七）		〔五〕	〔七〕

（續表）

公元前	周	晉	魏	韓	趙	齊	田齊	燕	越	秦	楚
三三二	〔顯王〕〔三十七〕		四	威侯 一	〔肅侯〕〔十八〕		威王 二十五	〔易王〕〔一〕		〔惠王〕〔六〕	〔威王〕〔八〕
三三一	〔三十八〕		五	二	〔十九〕		二十六	〔二〕		〔七〕	〔九〕
三三〇	〔三十九〕		六	三	〔二十〕		二十七	〔三〕		〔八〕	〔十〕
三二九	〔四十〕		七	四	〔二十一〕		二十八	〔四〕		〔九〕	〔十一〕
三二八	〔四十一〕		八	五	〔二十二〕		二十九	〔五〕		〔十〕	〔懷王〕〔一〕
三二七	〔四十二〕		九 五月會韓威侯于巫沙十月韓宣王來朝	六 與趙圍襄陵	〔二十三〕		三十	〔六〕		〔十一〕	〔二〕
三二六	〔四十三〕		十	七	〔二十四〕		三十一	〔七〕		〔十二〕	〔三〕
三二五	〔四十四〕		十一	宣王 八	〔武靈王〕〔一〕		三十二 及趙戰于平邑趙師敗逋	〔八〕		〔十三〕	〔四〕

（續表）

公元前	周	晉	魏	韓	趙	齊	田齊	燕	越	秦	楚
			會韓威侯齊威王于平阿								
三二四	〔顯王〕〔四十五〕		惠成王後元十二	宣王九	〔武靈王〕〔二〕		威王三十三	〔易王〕〔九〕		〔改元一〕	〔懷王〕〔五〕
三二三	〔四十六〕		十三	十	〔三〕		三十四	〔十〕		〔二〕	〔六〕
			會齊威王于甄				封田嬰于薛十月城薛				
三二二	〔四十七〕		十四	十一	〔四〕		三十五	〔十一〕		〔三〕	〔七〕
			薛子嬰來朝								
三二一	〔四十八〕		十五	十二	〔五〕		三十六	〔十二〕		〔四〕	〔八〕
							威王卒[六]				
三二〇	〔慎靚王〕〔一〕		十六	十三	〔六〕		宣王一	〔王噲〕〔一〕		〔五〕	〔九〕

（續表）

公元前	周	晉	魏	韓	趙	齊	田齊	燕	越	秦	楚
三一九	〔慎靚王〕〔二〕		惠成王後元十七	宣王十四	〔武靈王〕〔七〕		宣王二	〔王噲〕〔二〕		〔惠王〕後元〔六〕	〔懷王〕〔十〕
			惠成王卒[三]								
三一八	〔三〕		今王一	十五	〔八〕		三	〔三〕		〔七〕	〔十一〕
三一七	〔四〕		二	十六	〔九〕		四	〔四〕		〔八〕	〔十二〕
三一六	〔五〕		三	十七	〔十〕		五	〔五〕		〔九〕	〔十三〕
三一五	〔六〕		四	十八	〔十一〕		六	〔六〕		〔十〕	〔十四〕
			韓歸晉陽及向								
三一四	〔赧王〕〔一〕		五	十九	〔十二〕		七	〔七〕		〔十一〕	〔十五〕
					立燕公子職			子之殺公子平齊禽子之醢之			
三一三	〔二〕		六	二十	〔十三〕		八			〔十二〕	〔十六〕

（續表）

公元前	周	晉	魏	韓	趙	齊	田齊	燕	越	秦	楚
			秦取我焦				殺其王后				
三一二	〔赧王〕〔三〕		今王七	宣王二十一	〔武靈王〕〔十四〕		宣王〔九〕			〔惠王〕〔十三〕	〔懷王〕〔十七〕
			秦王來見于蒲坂關	伐襄邱宣王卒			及宋圍魏煮棗		使魏獻舟箭犀角象齒	助韓敗楚屈匄	景翠圍雍氏
三一一	〔四〕		八	〔襄王〕〔一〕	〔十五〕		〔十〕	〔昭王〕〔一〕		〔十四〕	〔十八〕
			伐衛							褚里疾圍蒲不克惠王卒[一五]	
三一〇	〔五〕		九	〔二〕	〔十六〕		〔十一〕	〔二〕		〔武王〕〔一〕	〔十九〕
	洛入成周山水大出		五月張儀卒。楚庶章帥師來會								
三〇九	〔六〕		十	〔三〕	〔十七〕		〔十二〕	〔三〕		〔二〕	〔二十〕

（續表）

公元前	周	晉	魏	韓	趙	齊	田齊	燕	越	秦	楚
三〇八	〔赧王〕 〔七〕		今王 十一	〔襄王〕 〔四〕	〔武靈王〕 〔十八〕		宣王 〔十三〕	〔昭王〕 〔四〕		〔武王〕 〔三〕	〔懷王〕 〔二十一〕
三〇七	〔八〕		十二	〔五〕	〔十九〕		〔十四〕	〔五〕		〔四〕	〔二十二〕
			秦圍我 皮氏救 皮氏圍								
三〇六	〔九〕		十三 城皮氏	〔六〕	〔二十〕		〔十五〕	〔六〕		〔昭王〕 〔一〕	〔二十三〕
三〇五	〔十〕		十四	〔七〕	〔二十一〕		〔十六〕	〔七〕		〔二〕	〔二十四〕
										內亂殺 其太后 及公子	
三〇四	〔十一〕		十五	〔八〕	〔二十二〕		〔十七〕	〔八〕		〔三〕	〔二十五〕
三〇三	〔十二〕		十六	〔九〕	〔二十三〕		〔十八〕	〔九〕		〔四〕	〔二十六〕
			秦拔我 蒲坂晉 陽封谷								

（續表）

公元前	周	晉	魏	韓	趙	齊	田齊	燕	越	秦	楚
三〇二	〔赧王〕〔十三〕		今王十七	〔襄王〕〔十〕	〔武靈王〕〔二十四〕		〔宣王〕〔十九〕	〔昭王〕〔十〕		〔昭王〕〔五〕	〔懷王〕〔二十七〕
					命吏大夫奴遷九原又命將軍大夫等貉服						
三〇一	〔十四〕		十八	〔十一〕	〔二十五〕		〔湣王〕〔一〕	〔十一〕		〔六〕	〔二十八〕
三〇〇	〔十五〕		十九	〔十二〕	〔二十六〕		〔二〕	〔十二〕		〔七〕	〔二十九〕
			薛侯來會王于釜邱								入雍氏楚人敗
二九九	〔十六〕		二十[一六]	〔十三〕	〔二十七〕		〔三〕	〔十三〕		〔八〕	〔三十〕

[一] 左傳宣公十八年疏引杜預春秋世族譜説：「越王元年，魯定公之十四年也。」國語越語韋昭注説：「勾踐三年，魯哀公之元年。」紀年：「晉出公十年十一月，於粵子勾踐卒。」依此推算，勾踐在位當爲三十二年。

[二] 史記燕世家：「簡公卒，獻公二十八年，孝公十五年。」六國表同。索隱説：「王邵按紀年簡公後，次孝公，

無獻公。」是紀年無燕獻公一代。今以獻公之年合於孝公爲四十三年。

［三］史記晉世家索隱引紀年「敬公十八年，魏文侯立。」王國維謂：「『十八』二字，乃六字誤離爲二」，見本書甚是，今從之。

［四］史記燕世家索隱引紀年「智伯滅在成公二年」。「文公二十四年卒，簡公立十三年，而三晉命邑爲諸侯。」三晉命爲諸侯，史記與資治通鑑皆在周威烈王二十三年。依此推算，燕成公當爲十五年。

［五］晉敬公與烈公的年數，紀年没有明文。依據紀年「魏文侯初立，在敬公六年」。從王氏說「烈公十一年田悼子卒，田布殺公孫孫，公孫會以廩邱叛于趙」。田敬仲世家索隱引此作「齊宣公五十一年」。再以魏、齊二國的年代排比推算，敬公當爲十八年，烈公爲二十六年。

雷學淇戰國年表以敬公爲二十二年，減幽公爲十三年。按晉世家說：「幽公十八年，淫婦人，夜竊出邑中，盗殺幽公。」索隱引紀年：「夫人秦嬴賊公于高寢之上。」於年數不標異文，這表示紀年與史記是相同的。太平御覽八百七十六引紀年此文，題爲史記，當是紀年之誤，亦作「幽公十八年」，可證索隱是省文，幽公年數本没有差異。雷氏所改無據，附辨於此。

［六］史記田敬仲世家索隱引紀年「齊宣公十五年，田莊子卒。明年，立田悼子」。水經注引紀年「晉烈公十一年，田悼子卒」。即齊宣公五十一年。若依此推算，悼子當爲三十六年。但索隱又說：「悼子蓋立年無幾。」三十六年不能算爲「立年無幾」，則「齊宣公十五年」語，必有舛誤。雷學淇從田世家莊子卒年，改作「宣公四十五年」，頗有見地。不過，是否與紀年相合，無從懸測，若紀年與史記相同，依例索隱可以省引年數，今此不然，覺得可疑。故删悼子一代年數，而祇記他的卒年。

田世家索隱又引「齊康公五年，田侯午生，二十二年（下二字疑是一之譌，見表），田侯剡立。後十年，齊田和弑其君及孺子喜而爲公。」又云：「紀年梁惠王十三年，當齊桓公十八年，後威王始見，則桓公十九年而卒。」又孟嘗君列傳索隱引「梁惠王後元十年，齊威王薨」。依據上述各條和田悼子卒在晉烈公十一年語，再排列推算田齊各君的年數當如次： 田和二十年，田侯剡十年，桓公十九年，威王三十六年。

[七] 史記六國表：「趙烈侯九年，武公十三年。」與紀年：「魏武侯元年，當趙烈侯之十四年」，不合。趙世家索隱於武公下引譙周説：「系本（按即世本）及説趙語者並無其事。」疑紀年與世本相同，亦没有武公一代。今併其年數於烈侯。但爲什麼又增一年爲二十三年呢？則以趙敬侯年數從史記爲十二年，如此推算起來，尚差一年，姑且將此一年亦增於烈侯一代。

[八] 秦惠公年數，史記爲十三年。此依據紀年：「簡公九年卒，次敬公立。十二年卒，乃立惠公」，及六國表惠公以下出公、獻公的年數推算之，惠公當爲七年。

[九] 六國表「韓列侯十三年，文侯十年」。韓世家索隱説：「紀年無文侯，系本無列侯。」則列侯文侯實爲一人，猶魏襄王之與哀王，疑史記誤別爲二。今以文侯的年數併於列侯爲二十三年。由此推算，哀侯當爲三年。

[十] 路史後紀注引紀年：「孚錯枝一年，其大夫寺區定亂，立初無余」，今據之。

[一一] 此疑在惠王元年，説見本書。

[一二] 燕簡公史記作釐公以下，六國表有「桓公十一年，文公二十九年」。紀年：「魏惠成王十五年，邯鄲成侯會燕成侯于安邑。」時距簡公之卒十四年，合之乃在燕文公四年，則紀年的燕成侯當即史記的燕文公，推算年數爲二十七年，相差二年，姑存待考。

[一三] 杜預春秋經傳集解後序説：「魏惠王三十六年，從一年始，至十六年而稱魏惠王卒。」荀勗與和嶠説：「惠成王立三十六年，改元稱一年。改元後十七年卒。」魏世家集解引司馬貞亦説：「紀年説惠成王三十六年，又稱後元一，十七年卒。」魏世家索隱二説稍有不同。杜氏以惠王三十六年後，從一年始；荀、和二氏則以惠王三十六年，即後元一年。因之，惠王後元遂相差一年，雖總數相同。朱右曾存真、王國維輯校從杜氏説，資治通鑑同此從荀、和二氏

説。雷學淇竹書紀年義證及介菴經説亦從荀、和説理由是荀勗、和嶠於竹書出土後，爲親自編次紀年的人，所説當較可信。司馬貞史記索隱引用紀年很繁，説亦相同，更可證古本是如此的。杜預所見，或爲出土未經編定之本，或爲紀年别本，所以説有不同。又如紀年起自黄帝和起自夏、殷、周，杜氏與荀、和二人説亦不同，説見本書。

［一四］六國表「韓昭侯即紀年鄭釐侯二十六年」，依此推算，其立年當在魏惠王十三年。但紀年：「魏惠王九年，王會鄭釐侯于巫沙」，與史記年數不合。雷學淇説：「史記誤懿、昭之立，移後四年，又減去昭侯在位之年耳。」依照雷氏説排比，韓懿侯的年數與六國表相同，昭侯則移前四年，作三十年。這樣排次，雖無的證，理還相近，今從之。

［一五］此疑在今王十二年，即秦武王四年，説見本書。

［一六］杜預春秋經傳集解後序説：「紀年下至魏哀王之二十年，太歲在壬戌，是周赧王之十六年，秦昭王之八年，韓襄王之十三年，趙武靈王之二十七年，楚懷王之三十年，燕昭王之十三年，齊湣王之二十五年也。」此雖是杜氏依據六國表所記魏哀王二十年時，列國國君的年次爲説，非紀年本文如此，但大致當不會差遠。今於紀年終止時，各國的年代，除齊湣王年次外，悉依據之。

引用書目

注有二種版本以上者，皆爲曾經本書所引用。

竹書紀年四部叢刊景明范欽刻本

竹書紀年統箋徐文靖　浙江局刻本

竹書紀年辨證董豐垣　嘉業堂刻本

校補竹書紀年趙紹祖　古墨齋刻本

竹書紀年辨正韓怡　木存堂刻本

校正竹書紀年洪頤煊　平津館本

竹書紀年校正郝懿行　清光緒五年東路廳署刻本

竹書紀年集證陳逢衡　裛露軒刻本

竹書紀年補證林春溥　竹柏山房本

竹書紀年義證雷學淇　修綆堂排印本

汲冢紀年存真朱右曾　歸硯齋刻本

考訂竹書紀年雷學淇　亦囂囂齋刻本

左傳四部叢刊景宋本、四部備要覆相臺本

尚書注疏脈望仙館石印本、四部叢刊景宋單疏本

左傳校勘記阮元　學海堂本

春秋啖趙集傳纂例叢書集成本

孟子正義脈望仙館石印本

春秋公羊傳四部叢刊景宋本

介菴經説雷學淇　叢書集成本

爾雅四部叢刊景宋本

説文五松書屋覆宋本

廣韻澤存堂刻本
國語士禮居覆宋本
佩觿鐵華館叢書本
國語補音湖北先正遺書本
戰國策校注四部叢刊景元本
史記涵芬樓景宋本、明汪諒刻本、明王延喆刻本、清武英殿刻本、金陵書局刻本、廣雅書局刻索隱單本
戰國策注于鬯稿本
史記會注考證日本瀧川資言　文學古籍社景印本
史記志疑梁玉繩　叢書集成本
史記考異錢大昕　叢書集成本
史記札記張文虎　金陵局刻本
漢書王先謙補注本
後漢書涵芬樓景宋本
晉書涵芬樓景宋本
隋書涵芬樓景宋本
唐書涵芬樓景宋本
資治通鑑胡三省注清胡克家刻本
通鑑考異四部叢刊景宋本
通鑑外紀四部叢刊景明本
通鑑前編通鑑全書附刻本
古史明刻本
大事記金華叢書本
通鑑地理通釋玉海附刻本
路史清嘉慶間刻本、四部備要本
史通浦起龍通釋本
周季編略黄式三　浙江局刻本
通志十通本
山海經經訓堂本、四部備要覆郝氏箋疏本
七國考董説　守山閣刻本

元和郡縣志叢書集成本
穆天子傳四部叢刊景明本
長安志經訓堂本
水經注王先謙合校本、聚珍本、趙一清校釋本、永樂大典本
元豐九域志聚珍版本、馮集梧校刻本
太平寰宇記清萬廷蘭刻本、清乾隆間樂氏刻本
大公呂望墓表拓本
輿地廣紀叢書集成本
古今姓氏書辨證叢書集成本
古今同姓名録蕭繹函海本
元和姓纂金陵書局刻本
禹貢山川地理圖程大昌通志堂本
墨子孫詒讓閒詁本
廣川書跋適園叢書本
孫子四部叢刊景明本

四庫全書總目提要石印本
孔叢子四部叢刊景明本
韓非子清吴鼒覆宋本
列子釋文燕禧堂本
莊子釋文抱經堂刻經典釋文本
文昌雜録龐元英雅雨堂本
蘇鶚演義函海本
困學紀聞翁元圻注本
廣弘明集四部叢刊景明本
愈愚録劉寶楠廣雅書局刻本
修文殿御覽殘卷鳴沙石室佚書本
真誥涵芬樓景道藏本
藝文類聚明嘉靖胡氏覆宋本
開元占經清河南刻小字本
白氏六帖莚圃景宋本

北堂書鈔清孔廣陶刻本

太平廣記石印本

初學記明嘉靖安國刻本

楚辭補注四部叢刊景明覆宋本

太平御覽清鮑崇城刻本

古文苑四部叢刊景宋本

事類賦注明嘉靖刻本

河東集柳開　四部叢刊景舊鈔本

文選清胡克家覆宋本

韓昌黎集明東雅堂本

觀堂集林蔣氏密韻樓排印本